U0504036

新时代智库出版的领跑者

　　本书是国家社科基金重点项目"流通业态创新与品质消费双向促进的路径、作用机制与政策体系研究"（项目号：19AJY020）资助阶段性成果。

中社
智库

国家智库报告（2021）
National Think Tank（2021）

流通创新促进品质消费发展研究

RESEARCH ON INNOVATING CIRCULATION TO
IMPROVE CONSUMPTION QUALITY

依绍华　等著

中国社会科学出版社

图书在版编目（CIP）数据

流通创新促进品质消费发展研究／依绍华等著 . —北京：中国社会科学
出版社，2021.9
（国家智库报告）
ISBN 978 – 7 – 5203 – 7546 – 7

Ⅰ.①流…　Ⅱ.①依…　Ⅲ.①流通产业—影响—消费结构—研究—
中国　Ⅳ.①F126.1

中国版本图书馆 CIP 数据核字（2020）第 237953 号

出 版 人	赵剑英
项目统筹	王　茵　喻　苗
责任编辑	刘凯琳　李　沫
责任校对	刘　娟
责任印制	李寡寡

出　　版	中国社会科学出版社
社　　址	北京鼓楼西大街甲 158 号
邮　　编	100720
网　　址	http://www.csspw.cn
发 行 部	010 – 84083685
门 市 部	010 – 84029450
经　　销	新华书店及其他书店

印刷装订	北京君升印刷有限公司
版　　次	2021 年 9 月第 1 版
印　　次	2021 年 9 月第 1 次印刷

开　　本	787×1092　1/16
印　　张	12
插　　页	2
字　　数	155 千字
定　　价	68.00 元

摘要：党的"十九大"报告指出，中国经济由高速增长阶段转向高质量发展阶段，并对中国特色社会主义新时代的主要矛盾做出了新的科学表述，即"人民日益增长的美好生活需要和不平衡不充分的发展之间的矛盾"。消费作为直接满足人民生活需要的经济活动，是"美好生活需要"的现实体现。随着我国经济进入新常态，消费对经济发展的基础性作用日益增长，逐渐成为拉动经济增长的第一动力。在这一过程中，人均GDP由5000美元跃升至10000美元，消费结构发生变化，由"有没有"向"好不好"转变，在满足基本消费需求的基础上，由模仿型、排浪式消费向个性化、多样化、多层次化消费转变，更加追求消费质量和附加价值，注重品牌、体验、优质、品味等价值功能，追求品质消费成为"好不好"的核心特征，因此也对商品和服务供给提出更高要求。流通作为生产和消费的中间环节，承担着促进消费和引领生产的职能。在技术进步推动下，流通方式不断创新迭代，尤其是大数据、云计算、人工智能等新技术发展创新流通业态，重塑消费模式，推动产业链、价值链实现价值重构，促进企业向定制化、智能化转型，从而更好地满足品质消费需求。本报告从品质消费入手，考察其发展规律与支撑条件，进而从流通创新的角度研究促进品质消费的理论机制和方法途径。由于流通创新涉及领域较多，涵盖流通技术与流通模式等多个方面，尤其在"大智移云"的技术时代，技术、模式与资本的融合使流通创新内容更加丰富。而作为流通创新的核心驱动力——技术创新以及由此带来的商业模式创新和制度创新，共同构成流通创新的核心内容。基于此，本报告从商业模式创新、物流技术创新和流通制度创新三个角度，阐释流通创新对品质消费的作用和影响，从企业、供应链、体制机制和生产方式等层面，提出系统性对策建议，以期在更好满足现实消费需求的同时，更深入挖掘潜在需求，从而推动支撑品质消费的生产供给水平和服务提供能力提升，进一步增强消费在经济发展中的主引擎地位，推进经济高质量发展。

关键词：流通创新；品质消费；机制；政策建议

Abstract: AbstractThe report of the 19th National Congress of the Communist Party of China pointed out that China's economy has changed from a high-speed growth stage to a high-quality development stage, and made a new scientific expression of the main contradiction in the new era of socialism with Chinese characteristics, that is, "the contradiction between the people's growing need for a better life and unbalanced and inadequate development". Consumption, as an economic activity that directly meets people's living needs, is the realistic embodiment of "the need for a better life". With China's economy entering a new normal, consumption plays an increasingly fundamental role in economic development, and has gradually become the first driving force for economic growth. In this process, the per capita GDP jumped from USD 5, 000 to USD 10, 000, and the consumption structure changed from providing for people's basic needs to striving to improve their quality of life. On the basis of meeting the basic consumption needs, it changed from imitative and wave-sweeping consumption to personalized, diversified and multi-level consumption, and paid more attention to consumption quality, added value, and value functions such as brand, experience, quality and taste, and pursuing quality. As an intermediate link between production and consumption, circulation undertakes the functions of promoting consumption and leading production. Driven by technological progress, the circulation mode has been continuously innovated and iterated, especially the new technologies such as big data, cloud computing and artificial intelligence have developed innovative circulation formats, reshaped consumption patterns, promoted the value reconstruction of industrial chain and value chain, and promoted the transformation of enterprises to customization and intelligence, so as to better meet the demand for quality consumption. This report starts with quality consumption, investigates its development rules and supporting conditions, and then studies the theoretical mechanism and methods of promoting quality consumption from the perspective of circulation innovation. Because circulation innovation involves many fields, including circulation technology and circulation mode, the integration of technology, mode and capital makes the contents of circulation innovation richer. As the core driving force of circulation innovation, technological innovation and the resulting business model innovation and system innovation together constitute the core content of circulation innovation. Based on this, this report explains the role and influence of circulation innovation on quality consumption from three angles: business model innovation, logistics technology innovation and circulation system innovation, and puts forward systematic countermeasures and suggestions from the aspects of enterprises, supply chain, system mechanism and production mode, so as to better meet the actual consumption demand and dig deeper into the potential demand, thus promoting the improvement of production supply level and service provision capacity supporting quality consumption, further enhancing the main engine position of consumption in economic development and promoting high-quality economic development.

Key words: Circulation Innovation; Quality Consumption; Mechanism; Policy Suggestion

目　　录

一　品质消费的内涵与表现

党的十九大报告提出，当前中国社会的主要矛盾已经转化为人民日益增长的美好生活需要和不平衡不充分的发展之间的矛盾，随着居民收入水平的提高，居民消费升级的现象愈发明显，居民从温饱消费向品牌消费、品质消费过渡升级，品质消费的兴起是消费升级的重要表现之一。

这一部分将重点分析品质消费的具体内容、现实表现和发展趋势。基于中国各地区的现实案例与统计数据，对现象加以归纳概括和总结。

（一）消费升级与品质消费兴起

2019年，中国人均GDP突破10000美元，正处于由中高收入国家向高收入国家迈进的重要阶段。居民消费已由规模扩张向质量提升转变，消费结构发生明显变化。

1. 消费规模扩大

消费规模扩大是消费升级的基础，数量的扩张先于质量的提升。社零总额是中国衡量商品消费规模的指标之一，根据国家统计局数据，2000年至2018年，中国社零总额保持稳定的增长趋势，从2000年的3.9万亿元增长至2018年的38.1万亿元，年均复合增长率达13.5%；其占社零总额的比重呈现"U"型走势，从 2000 年至 2007 年逐渐降低，由 39% 降低至 34.6%；2007 年至 2018 年缓慢回升，到 2018 年该比例为 42.3%。

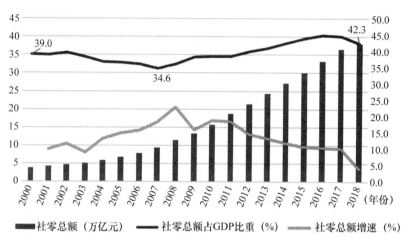

图 1.1 2000—2018 年社零总额的变化趋势

数据来源：国家统计局。

最终消费支出规模也在近二十年稳定增长。按支出法计算的国内生产总值中的最终消费支出即常住单位为满足物质、文化和精神生活的需要，从本国经济领土和国外购买的货物和服务的支出。据国家统计局数据，2000 年至 2018 年，最终消费支出由 6.4 万亿元增长至 48 万亿元，年均增长率达 11.84%，最终消费支出均保持较高的增长率。其中，居民消费支出由 2000 年的 4.7 万亿元增长至 2018 年的 34.8 万亿元，占最终消费支出比重的 72.5% 左右。

2. 消费内容重心转变

近四十年来，中国城乡居民解决温饱问题的支出均大幅度下降。统计局数据表明，按照居民消费支出八大类计算，将城乡居民用于食品和衣着的消费支出作为解决居民温饱问题的生存型消费支出，1981 年以来，农村居民生存型消费支出占总消费支出的比重由 72.3% 下降至 2018 年的 35.4%；城镇居民生存

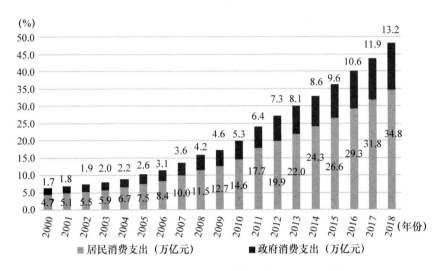

图1.2　2000年至2018年最终消费支出变化趋势

数据来源：国家统计局。

型消费支出占比由71.5%下降至2018年的34.6%。如图1.3，近四十年来，城乡居民用于满足温饱需求的消费支出大幅度下降，由三分之二下降至约三分之一，解决温饱问题不再是居民消费的主要诉求。近五年来看，城乡居民生存型消费支出占比由2013年的39%下降至2018年的34.9%，城乡居民温饱消费支出占比进一步下降。

城乡居民恩格尔系数均大幅度下降，城乡居民均已经在2000年之前跨越温饱消费阶段。1978年至2018年间，城镇居民从57.5%下降至27.7%，农村居民由67.7%下降至30.1%，分别下降了29.8个和37.6个百分点。根据联合国粮农组织的标准，恩格尔系数超过60%为绝对贫困阶段，50%—60%的为温饱阶段，40%—50%的为小康阶段，30%—40%的为富裕阶段，30%以下为极富裕阶段。由此，中国城镇与农村居民1978年分别处于温饱型消费阶段和绝对贫困阶段；到2000年，城镇与农村居民分别降至40%和50%以下，分别步入富裕型消费

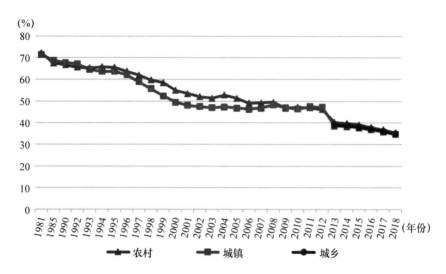

图 1.3 1981—2018 年城乡居民温饱消费支出占比变化

数据来源：《中国统计年鉴》。

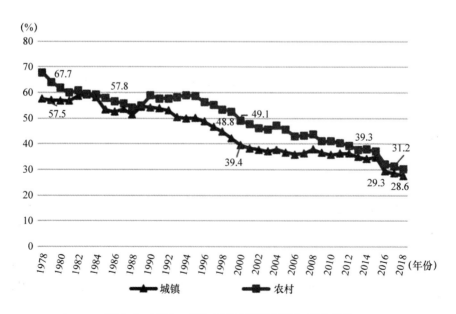

图 1.4 1978—2018 年城乡居民恩格尔系数变化

数据来源：《中国统计年鉴》。

阶段和小康社会阶段；到 2012 年，农村居民恩格尔系数降至 40% 以下，从小康型消费向富裕型消费升级；2016 年，城镇居民家庭恩格尔系数首次降至 30% 以下，提前进入极富裕消费阶段。

城乡居民发展、享受型消费占比迅速上升。从城镇居民消费结构来看，近四十年来，城镇居民用于居住、家庭设备及用品、交通和通信、教育文化和娱乐、医疗保健、其他用品及服务的支出占比迅速上升。1981 年，城镇居民消费支出主要用于满足吃、穿、住以及家庭用品，四项支出占比约90%；到 2018 年，吃、穿消费占比下降，住、行、文娱服务等方面的消费成为新的热点，占比超过65%，消费重心从生存型消费向发展和享受型消费转移。以教育、文化和娱乐消费支出为例，其占比由 1981 年的 1.4% 上升至 2018 年的 11.4%，上升了 10 个百分点，城镇居民在吃饱穿暖的基础上，满足提升自身和享受需求的消费支出增加。

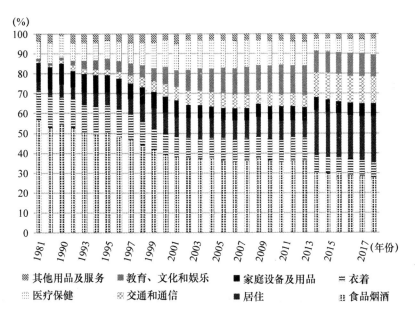

图 1.5　1981—2018 年城镇居民消费结构变化

数据来源：《中国统计年鉴》。

　　从农村居民消费结构来看，农村居民用于居住、家庭设备及用品、交通和通信、教育文化和娱乐、医疗保健的占比也有明显提升，分别上升了 8.1、3.5、13.6、5.6 和 8.2 个百分点，其中交通和通信消费支出上升幅度最大，或许农村公共交通基础设施建设较慢的背景是造成这一现象的原因之一。1980 年，农村居民排名前三的消费支出分别为满足吃、住、穿的需求，占比超过 90%；到 2018 年，交通和通信、教育文化和娱乐、医疗保健三项消费支出占比超过三分之一，满足吃、住、穿需求的消费支出占比下降为 57% 左右，农村居民消费多元化程度明显提高，消费重心由温饱消费朝着发展和享受型消费转移。

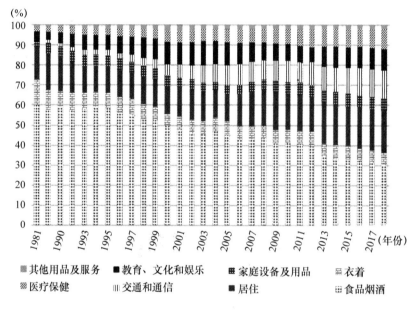

图 1.6　1980—2018 年农村居民消费结构变化

数据来源：《中国统计年鉴》。

3. 消费质量提升

　　从食品消费结构来看，城乡居民食品消费品质均明显提升。1981 年至 2012 年，城镇居民粮食消费占比明显下降，由 39.8% 下降至 23.3%，下降了 16.5 个百分点；蔬菜消费占比由

41.7%下降至33.2%，下降了8.5个百分点。同时，四十年来城镇居民食品消费结构多元化程度明显提高，城镇居民粮食和蔬菜消费占比由1981年的82%下降至2012年的56%，而肉蛋奶、鲜瓜果等食品消费占比明显上升，猪肉、牛羊肉、禽类、水产品等消费占比均上升了1个到3个百分点，鲜瓜果消费占比增幅最大，由1981年的5.8%上升至2012年的16.6%，城镇居民食品消费品质提升明显。

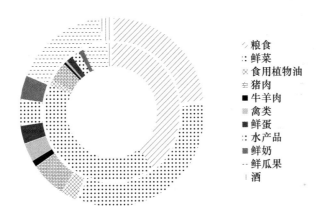

粮食
鲜菜
食用植物油
猪肉
牛羊肉
禽类
鲜蛋
水产品
鲜奶
鲜瓜果
酒

图1.7　1981年与2012年城镇居民食品消费结构对比[①]

数据来源：《中国统计年鉴》。

　　1978年至2012年，农村居民粮食和蔬菜消费支出始终占据绝对的主要地位，但占比有所下降，由1978年的97%下降至2012年的83%，其中，粮食消费支出由1978年的64.9%下降至2012年的54.7%，下降了10.1个百分点；蔬菜消费支出由1978年的54.7%下降至2012年的28.2%，下降了3.9个百分点。同时，食用油、猪牛羊肉、家禽、蛋奶、水产品、糖、酒

---

　　①　从2013年起，国家统计局开展了城乡一体化住户收支与生活状况调查，2013年及以后数据来源于此项调查。与2013年前的分城镇和农村住户调查的调查范围、调查方法、指标口径有所不同。为保证数据的连续性，此处仅采用截至2012年的数据。

等食品消费占比上升明显，由 1978 年的 3% 上升至 2012 年的 17%，多元化程度明显提高，猪牛羊肉、酒类、食油上升幅度较大，分别上升了 3.9%、3% 和 2.1%，农村居民食品消费品质也有所提升。

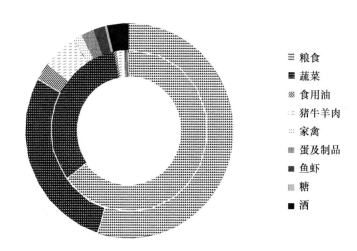

图 1.8　1978 与 2012 年农村居民食品消费结构对比①
数据来源：《中国统计年鉴》。

从耐用品消费结构来看，城乡居民耐用消费品的更新换代也体现出城乡居民品质消费兴起。20 世纪 90 年代之前，城镇居民电冰箱、洗衣机、彩色电视机保有量增长迅速，城镇居民的基本生活需求得到满足；20 世纪 90 年代，空调、热水器等保有量增长迅速，体现出城镇居民生活品质的初步提升；21 世纪以来，城镇居民计算机、移动电话保有量迅速提升，体现城镇居民对于智能消费、移动消费的需求逐渐上升；2010 年以来，城镇居民家用汽车持有量迅速增长，六年间增长了近两倍，居民

---

①　从 2013 年起，国家统计局开展了城乡一体化住户收支与生活状况调查，2013 年及以后数据来源于此项调查。与 2013 年前的分城镇和农村住户调查的调查范围、调查方法、指标口径有所不同。为保证数据的连续性，此处仅采用截至 2012 年的数据。

消费升级趋势明显。

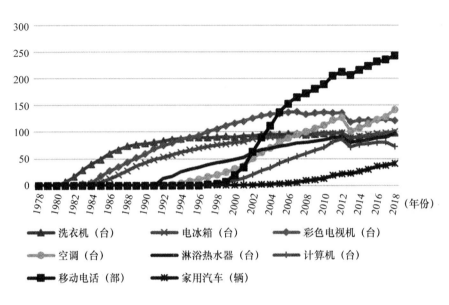

图1.9　1978年至2018年城镇居民主要耐用品拥有量走势

数据来源:《中国统计年鉴》。

农村居民耐用品拥有量也呈现更新换代趋势。从交通工具来看,农村居民交通工具呈现"自行车—摩托车—汽车"的更新换代趋势,20世纪农村居民出行以自行车为主,自行车拥有量逐年上涨;21世纪以来,自行车拥有量呈下降趋势,摩托车拥有量逐年上涨,逐渐成为农村居民出行的主要工具之一;近几年农村居民购买家用汽车的数量增多,到2018年平均每百户农村家庭拥有22.3辆家用汽车,渗透率自2013年以来逐年提高,且增速较快。从通信工具来看,农村居民经历了从固定电话到移动电话的更新换代,2000年以来,农村居民通信工具持有量上升,从固定电话起步,但随着移动电话持有量的迅速增长,移动电话拥有量在五六年内超过固定电话,成为农村居民的主要通信工具。此外,空调、电冰箱、计算机等持有量也在21世纪以来缓慢上升,体现农村居民消费与生活品质的双重提升。

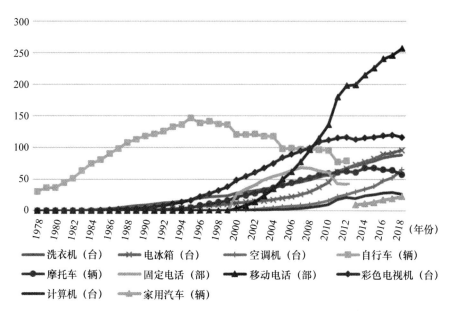

图 1.10 1978 年至 2018 年农村居民主要耐用品拥有量走势

数据来源：《中国统计年鉴》。

城乡居民对于服务消费需求的蓬勃增长，反映出城乡居民对于品质消费的需求。从城乡居民消费结构来看，城乡居民用于交通通信、文教娱乐、医疗保健等方面的服务消费占比均大幅度提升，城乡居民在物质消费得到满足的基础上，逐步追求对于精神需求的满足，由此旅游、健身、文化等消费愈发受到城乡居民的青睐，充电、提升自身水平的教育支出也增长迅猛。

（二）品质消费的基本表现

品质消费上升的基本表现之一，是中高端、高端商品消费在总消费中占比的上升。根据阿里研究院数据，2018 年阿里电商平台上 35.24% 的网络消费对象为中高端商品，2012 年该比例仅为四分之一左右，6 年内大约上升了大约九个百分点。① 消费者收入水平稳定且可观的背景下，更加青睐安全、健康、方便和专业的产品，追求品质生活成为居民新的消费需求。

1. 品牌消费

近四十年来，中国商品与服务品牌供给丰富程度极大提高，从单一的国产品牌供给为主，到国外品牌逐渐增多，再到当前国内外品牌繁荣并存的状况。品牌当前不仅仅是悬空于产品本身的附加价值，而更多的是与产品本身融为一体，是产品互相区别的重要元素之一。产品品牌成为消费者选择商品的重要因素之一，一方面，它是产品质量、信用、渠道的保障机制，可以为消费者提供品牌衍生的售前、售中和售后的全链条服务；另一方面，产品品牌也是消费意识、态度和观念的代表，消费者更愿意选择能够与其产生共鸣的品牌，品牌成为商品的情感附加，传递着背后的情感价值，而消费者愿意为这一情感共鸣支付溢价，由此，品牌消费成为当前品质消费的重要表现之一。

商品品牌消费个性化、多元化。近年来，国内外商品消费品牌供应极大丰富，消费者盲目推崇进口品牌、国外品牌的观念成为过去，在追求个性、独特、多元的需求下，影响消费者选择品牌的因素更多的是品牌共鸣。同时，在电子商务迅速发展的大背景下，新兴的小众品牌、设计师品牌、OEM 定制品牌等不断涌现，消费者的选择进一步得到丰富。居民消费品牌呈现从低端向中高端升级的特点，以方便面为例，2008 年统一推出了中高端方便面"汤达人"，价格为普通方便面"老坛酸菜"等细分品牌的两倍，但受制于当时居民收入水平有限、品质消费尚未兴起，该品牌在推出后前几年内并未获得消费者的青睐。

---

① 《阿里研究院发布国内首份品质消费指数报告》，行行出状元网，http：//info. hhczy. com/article/20170414/30757. shtml，2017 年 4 月 15 日。

2015 年以来，随着居民收入水平的提高和中产阶级等群体的兴起，方便面行业年销量多年跌幅在两位数以上，而定位中高端价位的"汤达人"则成功抓住了对生活品质要求逐渐提升的年轻消费群体的新需求，在近几年实现两位数的逆势增长。

餐饮消费方面大众品牌受青睐。随着居民生活水平的提高，居民外出就餐频率明显提高，据有关机构数据，50.4% 的消费者每周外出就餐 2—3 次，92.1% 的消费者每周至少会外出就餐一次。① 外出就餐不仅是为了满足消费者的就餐需求，也是为了满足消费者对于社交、消遣、娱乐等方面的需求，消费者对于就餐的环境、服务和体验等方面的要求都逐渐提高，更愿意选择有一定知名度的品牌连锁餐厅。一方面，品牌能够为餐厅的品质、服务等背书，具有一定知名度和良好口碑的餐饮店，更容易降低居民选择的机会成本；另一方面，品牌故事也是吸引消费者的亮点之一，面对竞争激烈的餐饮市场，品牌所附加的服务、体验等能够为增加餐厅的识别度和区分度。从餐厅选择来看，餐饮消费品牌化并不意味着居民青睐高端、炫富型品牌，"80/90"后消费群体更注重消费的性价比和独特性等特性，大众餐饮品牌增速更快，餐饮行业的快时尚品牌、网红品牌、创意品牌等迅速发展。

多种服务消费注重品牌。从家政、文化、教育、娱乐等多种服务消费来看，品牌都是其吸引消费者的重要因素。无论是买房、租房，还是家政服务，又或是健身和教育培训等支出，消费者更愿意选择有诚信和良好服务口碑的连锁房地产经纪公司。这是因为服务市场供给质量水平不一，标准化程度较低，消费者难以抉择，而口碑良好、具有一定知名度的品牌提供标准化的服务，能够降低选择的机会成本，满足消费者的品质消

---

① 《探究消费者寻找餐厅时的秘密》，职业餐饮网，http：//www.canyin168.com/glyy/glzx/sjtj/201809/76197.html，2018 年 9 月 26 日。

费需求。

2. 绿色消费

倡导绿色消费理念，是居民消费升级趋势下、追求品质生活的重要表现之一。当前消费者绿色消费意识明显提升，"环保""健康""绿色""无污染"等关键词成为居民挑选商品的因素之一，有机食品、绿色家电、环保建材等产品市场迅速发展。

绿色有机食品增长迅速。当前农业、工业污染逐渐加剧，食品安全、食品质量问题层出不穷，消费者出于营养健康的考虑，更愿意选择天然无污染、高品质的绿色食品、有机食品和无公害食品。据有关数据，中国有机食品消费市场以每年25%的速度增长，一二线城市消费者对于绿色食品标志的认知度达83%。[①] 除了传统的超市、专卖店、电商平台供应之外，"蔬菜基地＋直供到家"等模式也打开了一定的市场。此外，超市、电商平台等销售终端供应的水培蔬菜，倡导绿色、无污染，也成了居民品质生活的新消费潮流。

绿色家电是家电升级的方向之一。当前中国家电市场从三四级能效商品向一二级能效商品升级，节能节水等成为家电消费潮流。根据国家发改委数据，保守估计2017年中国高效节能空调、电冰箱、洗衣机、平板电视、热水器五类产品销售量约为1.5亿台，销售额达5000亿元；其中，节能空调销售量的同比增长82.2%，节能洗衣机销售量同比增长19.8%，节能热水器销售量同比增长6.5%，平板电视节能产品同比增长18.1%。[②]商务部发布有关数据显示，重点零售企业一级能效空调、冰箱、

---

① 《每年市场规模增长25%，有机食品释放巨大消费需求》，搜狐网，http：//www. sohu. com/a/252104301_ 100028226，2018年9月5日。

② 《2017年五类高效节能家电国内销售近1.5亿台》，新浪网，http：// tech. sina. com. cn/e/2018-04-11/doc-ifyzeyqa0965936. shtml，2018年4月11日。

智能电视的销量增速分别高于同类别商品销量增速 29.9、15.4 和 20.7 个百分点①，高能效产品满足居民高端、高品质生活需求。

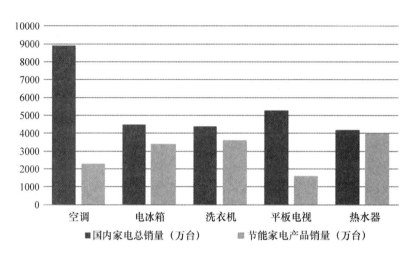

图 1.11　2017 年国内家电总销量和节能家电产品销量

数据来源：根据产业在线和中怡康官网数据整理而得。

　　绿色家装成为消费首选。近年来中国家装行业增长迅速，2017 年中国住宅装饰装修产值达 1.9 万亿元②，消费者出于自身健康和高品质生活要求的考虑，更倾向于选择环保家具，愿意为无污染、无甲醛、环保的家具产品支付溢价。以木地板为例，甲醛含量较高的强化复合地板增速放缓，而三层实木地板由于含胶量少、甲醛污染低，同时节约林业资源，能够满足消费者对于性价比、环保和健康的多种需求，近年来增速迅猛，根据圣象地板数据，其三层实木地板销量年增速达 50% 以上。③ 互

---

　　① 《一级能效销量大涨三成，不少家电厂商该醒醒了》，搜狐网，http：//www. sohu. com/a/160464541_ 111100，2017 年 7 月 28 日。

　　② 《室内空气治理市场规模或达千亿》，http：//www. zgcsb. org. cn/benbao/jiandu/2018-09-04/71822. html? bsh_ bid = 2469099027。

　　③ 《三层实木复合地板为何能在中国市场飞速发展?》，中华地板网，http：//www. chinafloor. cn/news/detail_ newsID-255093. htm，2018 年 8 月 25 日。

联网家装也发展迅速，据京东平台数据统计，近年来该平台消费者对于"环保""简约""健康"等关键词搜索量大幅度提升，环保家居建材产品呈现爆发式增长。此外，绿色家居衍生的产品与服务也发展迅速，甲醛检测仪、甲醛检测服务、甲醛治理服务成为千亿级潜力市场。

3. 全球消费

随着居民收入水平提高、新兴中产阶级不断壮大，消费者对全球优质产品的需求也逐渐上升。国内消费者通过多种渠道实现全球消费，传统线下的超市、进口商品专卖店，线上 B2C 电商平台海淘、C2C 代购，出国旅游购物等，随着渠道愈发多元，中国消费者"买全球"便利程度也逐渐提升，消费外流现象明显。

海外购物市场增长迅猛。2008 年"三鹿"奶粉事件爆发，消费者对于国内商品的信任度降低，对进口优质产品的需求和当时存在的国内外高价差问题推动了奶粉代购等海外代购市场的迅速发展，2009 年至 2014 年，中国海外代购市场交易规模从 50 亿元增长至 829 亿元。① 2014 年海关总署出台有关文件，将"未经备案的四人海外代购定为非法"，个人代购业务受到限制。政策对于个人代购市场的规范催生了跨境电商市场的发展，2015 年以来亚马逊、ebay、天猫国际、网易考拉等国内外跨境电商平台迅速发展，消费者通过各大跨境电商平台"海淘"成为全球消费的重要方式之一。据艾瑞咨询数据，中国跨境进口零售电商市场规模在近五年来保持超高速增长态势，由 2013 年的 59.8 亿元增长至 2017 年的 1113.4 亿元，年均复合增长率达 107.72%。海外购物以中产阶级家庭为主，出国游、海外留学

---

① 《消灭一个行业有多容易？万亿规模的代购产业将在年底消失》，http：//finance. ifeng. com/a/20180923/16520511_ 0. shtml。

人群的数量不断增长，刺激了国内跨境消费需求的上升，据艾媒咨询数据，截至 2018 年上半年，超过 20% 的用户每周进行海淘，42% 的消费者表示购买海外商品的主要影响因素是进口商品的高性价比。① "黑五"海外购物节成为继"618""双 11"之后最热门的购物节，2018 年的"黑五"海外购物节中天猫国际、京东、拼多多、唯品会、亚马逊中国、洋码头、寺库等头部平台在"黑五"购物狂欢节再度火拼，竞争激烈程度剧增。天猫人造肉商品"Omnipork 新猪肉"开售两天，卖出 4000 件商品，54% 的人造肉购买者为"90 后"人群，其中"95 后"占比达 26%。苏宁国际前 12 小时订单同比增长 213%。②

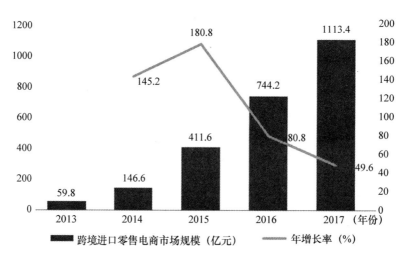

图 1.12   2013—2017 年中国跨境进口零售电商市场规模及增长

数据来源：艾瑞咨询《2018 年中国跨境进口零售电商行业发展研究报告》。

基于出境旅游的购物增长放缓。随着出境旅游市场规模的增长，出境旅游催生的购物在较早几年均实现高速增长，

① 《2018 上半年中国跨境电商行业监测报告》，亿邦动力网，http：//www. ebrun. com/20180814/291870. shtml，2018 年 8 月 14 日。

② 《［黑五战报］"黑五"各电商平台大促数据战报盘点》，网经社，http：//www. 100ec. cn/home/detail-6536642. html，2019 年 12 月 2 日。

2011—2015 年，中国游客境外消费总额年均增速高达 35%，从 2012 年的 1000 亿美元增长至 2015 年的 2000 亿美元以上。2015 年以来，出境旅游消费总额增速逐年放缓，2017 年达 2580 亿美元，同比增长 5%；六成以上的游客出境游花费在 5000—20000 元人民币，购买对象主要为纪念品和国外质优价廉的商品。[1] 逐渐放缓的出境旅游消费额增速反映出中国居民境外消费行为渐趋理性，出境游更多的以观光、休闲为主。

2018 年 9 月，《电子商务法》颁布，立法杜绝私人代购市场，要求电子商务经营者需要依法办理市场主体登记，个人代购市场将逐渐萎缩。同时，多项促进跨境电商平台发展的政策出台，进口商品的国内外差价缩小，跨境电商平台模式不断创新，在这一背景下，通过 B2C、C2C 等跨境电商平台海淘市场份额将成为主要的海外购物渠道之一。

4. 旅游消费

"十三五"时期，大众旅游、休闲成为常态，居民在物质需求得到满足的基础上追求精神需求的满足、收入水平的提高和旅游市场的完善，多种因素促进境内外旅游消费市场规模的迅速壮大。

一是国内旅游消费。根据《中国国内旅游发展年度报告 2018》数据[2]，2018 年，中国国内旅游市场游客人数达 55.39 亿人次，同比增长 10.8%；国内旅游收入 5.97 万亿元，同比增长 10.5%，市场规模和游客人数均稳定增长。城镇居民是中国居民国内旅游的主体，占全体居民比重达 74.4%，其中，2010

---

[1] 《中国公民出境（城市）旅游消费市场调查报告（2017—2018）》，世界旅游城市联合会，http：//cn. wtcf. org. cn/xsyj/lhhbg/2018091334869 98. html，2018 年 9 月 13 日。

[2] 《中国国内旅游发展年度报告 2018》发布，凤凰网，https：//wemedia. ifeng. com/68498779/wemedia. shtml。

年至 2017 年，以观光游览为目的的居民占比由 32.9% 下降至
22.1%，而以休闲度假为目的的居民占比由 25% 上升至 30.1%，
居民国内旅游目的由观光游览过渡到休闲度假。从客源地区域
分布来看，2017 年东、中、西部地区居民占比分别为 63%、
24% 和 13%，中西部地区旅游人次增长率分别为 18.62% 和
22.65%，而东部地区仅增长 3.55%，区域平衡度逐渐提高。随
着携程、去哪儿、飞猪等在线旅游平台的兴起，通过在线平台预
订车票、住宿、门票等旅游产品及服务成为重要渠道之一，2018
年，中国在线旅游用户规模达 4.1 亿人，同比增长 9.1%。[①]

二是出境旅游消费。[②] 根据《2018—2019 出境旅游及消费
白皮书》数据，2018 年中国出境旅游人数达 1.497 亿人次，同
比增长 14.7%。中国居民出境旅游人群以 "80/90 后" 为主，
其中，"90 后" 占比 38%，超过 "80 后" 35% 的占比；女性比
重较高，女性与男性比重分别为 64% 和 36%。从客源地分布来
看，"新一线" 及二线城市出境游活力释放，2019 年，上海、北
京、南京夺得冠亚季军，随后排名第四到第十的客源城市依次为
天津、深圳、杭州、广州、成都、武汉、苏州。2019 年，最受中
国游客欢迎的出境游目的地国家前 10 名包括泰国、日本、越南、
印度尼西亚、新加坡、马来西亚、马尔代夫、法国、俄罗斯、
美国。

无论是境内旅游还是境外旅游，中国居民的旅游消费均呈
现个性化、定制化、多元化特点。近年来自由行游客比例明显
增加，2017 年参团游、自由行和定制旅游占比分别为 42%、
40% 和 18%，参团游的主体更多为老年人、三线城市及以下人

---

① 《2018 年中国在线旅行预订用户规模达 4.1 亿同比增长 9.1%》，
中商情报网，http：//www. askci. com/news/chanye/20190302/141036114
2609. shtml，2019 年 3 月 2 日。

② 《2018—2019 出境旅游及消费白皮书》，搜狐网，https：//www.
sohu. com/a/308180636_ 677526，2019 年 4 月 15 日。

群、学历水平相对较低的游客，而自由行更受到一二线城市人群、高学历人群的青睐，定制旅游则更多的为满足公司集体出境旅游、高端出游等需求，适应不同群体特点、不同层次游客需求，旅游消费也呈现大众化、高端化多层次发展的特点，工业旅游、乡村旅游、文化旅游、老年旅游、研学旅游等业态层出不穷，都成为旅游消费的重要组成部分，多元化的供应多方面满足居民品质消费的需求。

5. 文化消费

文化消费主要包括教育、文化娱乐、体育建设、旅游观光等内容，主要为了满足消费者对于精神享受方面的需求。当前文化娱乐消费的丰富程度成为衡量生活品质高地的重要指标，近年来中国文化消费环境不断改善、文化产品种类丰富程度和产品质量均有所提升，在居民提升生活品质的需求下，居民文化消费氛围较为热烈，文化消费意愿较强。国家发展和改革委员会数据显示，全国居民人均文化消费从 2013 年的 577 元增长至 2016 年的 800 元。[①] 据《中国文化消费指数报告》[②]，中国文化消费综合指数持续增长，由 2013 年的 73.7 上升至 2018 年的82.2；东部地区文化消费意愿、能力、水平等均高于中西部地区，在综合指数排名前十的省份当中，前八名在东部地区，今年中部有两个进入前十，陕西和重庆分别位列第九和第十；2018 年最受消费者欢迎的五大文化产品为电视广播、网络文化活动、电影、图书报纸杂志、文化旅游。其中，网络文化活动、

---

① 《国家发改委首次发布：中国居民消费发展报告——文化消费情况》，搜狐网，https：//www.sohu.com/a/232936906_ 152615，2018 年 5 月 25 日。

② 《2018 中国文化产业系列指数发布文化消费综合指数继续走高》，网贷之家，https：//www.wdzj.com/hjzs/ptsj/20190112/929082-1.html，2019 年 1 月 22 日。

文化旅游的受欢迎程度有所提升，文化旅游取代文化娱乐活动跻身前五位。具体来看，文化消费涉及范围广泛，既包括书籍、杂志等有形商品，也包括新兴的电子书、在线视频、游戏等电子化产品，还包括文艺演出、网络游戏、在线培训、创意设计等无形的服务，呈现多点开花的趋势。

一是影视消费愈发多元。中国居民影视消费一直是大众生活的重要组成部分，从过去传统的电视端歌华有线，到当前电影院观影、在线视频付费、短视频随时观看，影视消费多元化程度大幅提升。2008 年至 2018 年，中国电影票房由 39 亿元增长至 609.76 亿元，年均复合增长率达 31.6%。电影消费经历了多年的高速增长，目前已经成为全民娱乐标配，在居民对于品质需求提高的当前，进口大片、口碑佳片成为居民首选。同时，随着在线视频迅速发展、知识付费与版权意识增强，消费者对于在线视频平台付费会员制接受程度日渐提高，2018 年网络视频付费用户规模已达 3.47 亿人，付费会员比例达 56.7%[1]，网络平台自制综艺、网络剧等影视产品数量与质量均大幅度提升，文化内容消费升级趋势明显。短视频一般被定义为 20 分钟之内的视频短片，通常短视频在 10 分钟以内，短视频时间短、更新快的特点能够满足当前居民快节奏生活场景下的碎片化影视需求，娱乐、体育、教育、亲子、母婴、理财等多个细分领域的短视频流量巨大，垂直化、精细化趋势明显。

二是文娱演出消费市场稳定增长。据《2018 中国演出市场年度报告》[2]，2018 年中国演出市场总规模达 514.1 亿元，其中演出票房收入达 182.21 亿元，占比 35.4%。细分来看，2018 年

---

① 《2018 年网络视频付费用户已达 3.47 亿人》，新华网，https：//baijiahao.baidu.com/s? id = 1636101057553783657&wfr = spider&for = pc，2019 年 6 月 12 日。

② 《2018 中国演出市场年度报告》，腾讯网，https：//xw.qq.com/cmsid/20190729A0079M00? f = dc，2019 年 7 月 29 日。

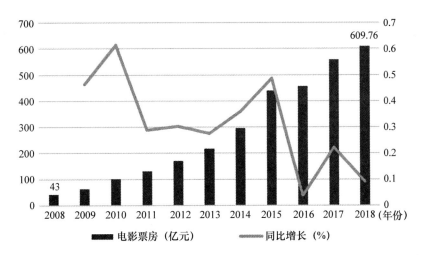

图1.13　2008—2018 **年中国电影票房市场规模及增长**

数据来源：根据广电总局、产业在线等网络数据收集整理。

中国演出市场中大型演唱会、音乐节演出达 2600 场，票房收入 39.85 亿元；剧场演出 10.15 万场，票房收入 79.61 亿元，全民参与演唱会、音乐节、话剧等成为常态，观看现场演出成为居民满足文化熏陶等精神需求的重要手段。文娱演出消费市场观演人群中女性占比达 63%，25—39 岁的中青年家庭用户占比达 33%，文娱演出消费的核心主体为"90 后"女性。

此外，艺术消费、动漫游戏消费、新闻出版消费等新兴消费领域也增长迅速。2018 年中国艺术品市场的交易额为 128 亿美元，占全球艺术品市场的份额为 19%，艺术消费市场逐渐成形。① 北京、上海等一线城市艺术消费氛围更为浓厚，2018 年"艺术北京"博览会观展人次达 12 万人，青年艺术家作品销售活跃，"千禧一代"的购买力显著上升②；2017 年上海国庆文化

---

① 《2018 年中国艺术品市场交易额 128 亿美元》，新浪财经，finance. sina. com. cn/roll/2019-05-28/doc-ihvhiews5268951. shtml，2019 年 5 月 28 日。

② 《2019 艺术北京闭幕：观展人数 12 万，"千禧一代"购买力上升》，搜狐网，http：//www. sohu. com/a/311912647_ 161795，2019 年 5 月 5 日。

活动吸引超百万人，美术馆、博物馆成为新的城市文化消费集聚地。新闻出版消费由纸质向电子化过渡，2018 年中国电子书市场规模达 254.5 亿，同比增长 19.6%，人均阅读电子书 12.4 本①，电子书消费市场增长迅速。

（三）品质消费的发展趋势

1. 消费便利化

消费便利化是居民品质消费需求的重要趋势。近年来消费市场逐渐成熟，"90 后""00 后"等新生代成为主要的消费群体，全面二胎放开、人口老龄化加速，经济发展水平提高下居民生活节奏加快，"宅、懒、馋、急、忙、老"等需求应运而生。在消费升级趋势下，消费者愿意为节省时间的产品与服务支付溢价，对于便利消费、即时消费的需求呈现上升趋势。

便利店零售业态迅速发展。便利店业态能够满足居民即时的消费需求，其市场规模呈现迅速增长趋势。据《2018 中国便利店发展报告》数据，2017 年中国便利店行业增速为 19%，门店数量超过 12 万家，市场规模超过 2000 亿元，② 门店数量与市场规模实现双增长。细分来看，社区生鲜便利店、综合便利店等细分模式迅速发展，同时，线上线下一体化是大多数便利店的发展趋势。一二线城市年轻白领是便利店最主要的消费群体，乳制品、软饮料和咸味零食等产品为他们主要的消费种类，而在"711""全家"等日系便利店的带动下，越来越多的便利店面向消费者提供便当、盒饭等"预包装冷藏食品"，到便利店购买预

---

① 《中国数字阅读市场规模达 254.5 亿驶入高速"车道"》，闽南网，http：//www.mnw.cn/keji/mi/2225535.html，2019 年 11 月 29 日。

② 《2019 中国便利店发展报告行业增速 19% 市场规模 2000 亿》，红商网，http：//www.redsh.com/corp/20190521/223357.shtml，2019 年 5 月 21 日。

包装冷藏食品、即时加热成为白领青睐的工作餐选择之一。

外卖等服务市场增速迅猛。据《2018 年中国外卖发展研究报告》①，2018 年中国在线外卖市场规模为 2413.8 亿元，2011 年以来；中国在线外卖市场规模最高年增长率达 71.2%；在线订餐用户规模达 3.58 亿人，2011 年以来用户规模最高年增长率达 45.5%。数量增长的基础上，在线外卖消费的品质也逐渐提升，2016 年外卖订单中，知名品牌商家订单量占比 18%，2017 年该比例增长至 25%，其中一线与二线城市该比例分别为 40% 和 30%。一二线城市每日订外卖一次及以上的用户占比为 54.3%，三四线城市用户占比为 26.6%。在线外卖用户结构下沉，三四线城市成为增长新动力。此外，居民在线外卖消费的内容也呈现多元化发展趋势，由单一的餐饮外卖消费，扩展至生鲜果蔬、甜点饮品、生鲜超市等全品类的外卖消费，消费者通过外卖平台不仅能够满足其足不出户吃饭的需求，还能满足

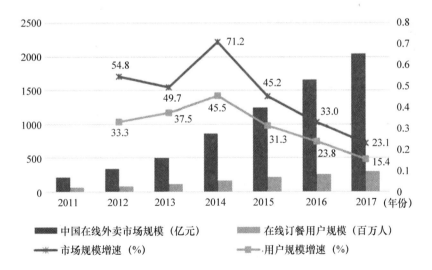

图 1.14　2011—2017 年中国在线外卖市场与用户规模及增速

数据来源：根据艾瑞咨询与美团大众点评数据整理。

---

①　艾媒报告：《2018—2019 中国在线外卖行业研究报告》，艾媒网，https：//www.iimedia.cn/c400/64223.html，2019 年 4 月 30 日。

其足不出户买菜、买药等多方面的需求。

快递服务迅速发展。出于居民对于物流消费便利的需求，中国快递市场也呈现迅速的发展趋势。据《2018 年快递市场监管报告》数据①，2018 年中国快递业务量达 507.1 亿件，同比增长 26.6%，连续多年在世界排名第一。从处理速度来看，全年日均快件处理量达 1.4 亿件，最高日处理快件量达 4.2 亿件。快递处理速度的提升极大的便利了居民消费，顺丰快递针对多个城市推出了"顺丰次晨"服务，提供次日送达的时效保证，居民快递消费品质显著提升。近年来，各快递巨头纷纷布局智能快递柜，打通"最后一公里"，进一步提升居民快递服务消费的便利化程度。同时，进一步满足消费者即时配送需求的 O2O（Online to Offline）同城配送、跑腿等快递服务出现并迅速增长，该服务对于时效性有极高的要求，便捷、高效是主要的特点，一对一的代买、代办、代送、代排队等服务，大多为 5 公里范围内、1 小时内的即时配送需求，能够让消费者在快节奏生活下实现"花钱买时间"。

2. 消费智能化

消费智能化趋势既体现在消费对象的智能化，也体现在消费方式的智能化。随着互联网渗透率逐渐提高、信息技术的不断发展，智能消费市场发展迅速。

商品消费的智能化。当前水平不断提高的信息技术在居民生活中的应用程度加深，为满足居民对于美好生活的需求，以智能化生活提升生活品质成为新趋势。根据阿里研究院数据，家具、手机数码等品类的品质升级现象明显，智能家居产品便是其重要的体现。自动实现清扫、吸尘、拖地等基本功能的智

---

① 《2018 年度快递市场监管报告》，网易网，http：//dy.163.com/v2/article/detail/EK35285105311S4X.html，2019 年 7 月 14 日。

能化清洁产品扫地机器人，和自动实现洗碗的洗碗机，都是居民解放双手、提升生活品质的代表性产品。扫地机器人成为家庭新宠，市场规模增长迅速，截至 2018 年年底，中国扫地机器人市场零售量 577 万台，零售额达 86.6 亿元，零售量五年复合增速达 41%。[1] 2018 年洗碗机仍然延续了此前的高增长，2018年市场销量 135.6 万台，销售额达 59.2 亿元。[2] 当前智能家居产品不断更新换代，传感技术、语音识别等应用到热水器、空调等产品之中，消费者可以实行 APP 管理、远程控制，及时预热；带播放屏幕的智能油烟机，可以连接 WIFI，图文并茂教授烹饪，新兴智能家居产品顺应消费升级和品质消费需求推陈出新。

消费方式的智能化。从查询、购买、支付等多个环节来看，中国居民消费方式均呈现智能化的趋势。电子商务发展水平不断提高，足不出户的网络购物成为居民日常生活的一部分，近年来中国电子商务市场交易规模增长迅速，2018 年中国电子商务市场规模达 32.55 万亿元，网络零售市场规模达 9 万亿元，占社零总额比重由 2011 年的 4.3% 增长至 2018 年的 23.6%[3]；同时，随着移动终端渗透率逐渐提高，网络零售市场移动端交易额也迅速提高，由 2013 年的 14.1% 增长至 2017 年的 70.8%，移动端网购成为居民消费的重要方式之一。[4]

除在线购物之外，在线支付市场也发展迅速。截至 2017 年

① 数据来源：《2018 年中国扫地机器人市场现状与发展趋势》，百度网，https：//baijiahao.baidu.com/s？id=1596227948739187216&wfr=spider&for=pc，2018 年 3 月 29 日。
② 《2018 年洗碗机市场简析》，搜狐网，http://www.sohu.com/a/294627771_120044315，2019 年 2 月 14 日。
③ 专题：《2018 年度中国电子商务市场数据监测报告》，网经社，http://www.100ec.cn/zt/2018dsscbg/。
④ 艾媒报告：《2017—2018 中国移动电商行业研究报告》，艾媒网，http://www.iimedia.cn/61300.html，2018 年 5 月 8 日。

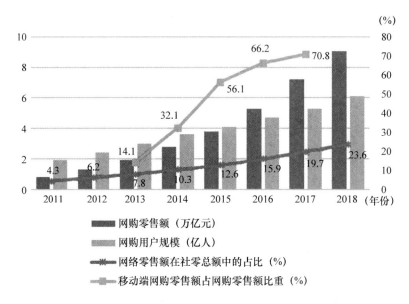

图 1.15 2011—2018 年中国网购市场有关数据
数据来源：根据中国电子商务研究中心、艾媒咨询等网络数据整理而得。

年底，中国在线支付用户规模达 5.3 亿人，线下消费并使用手机网上支付的比例达 65.5%①，移动支付从购物、打车等个人消费场景扩展到水电类生活缴费、高速收费、公共交通、医疗等全场景，从城市地区向农村地区扩展，从年轻消费者到 50 岁以上的人群渗透，出门不用带现金、购物不用找零、缴水电燃气费用一键搞定，在线支付、移动支付成为居民品质生活的重要组成部分。

3. 消费社交化

互联网时代，居民注重消费内容和消费方式背后的社交意义，产品或服务本身的好吃、好用、好玩的基础上，满足互联

---

① 《我国线下消费手机支付比例升至 65.5%》，http：//finance. if-eng. com/a/20180206/15973154_ 0. shtml。

网经济时代的社交需求成为新趋势，去网红餐厅打卡、发朋友圈成为够酷的花钱理由，"网红经济""社群经济"发展迅猛。

口碑从熟人圈向全互联网圈扩展。口碑在较长一段时间内一直是消费者做出选择的重要信息源，但是在过去口碑传播的范围以熟人圈为主，消费者更愿意相信一个朋友的口口相传。随着互联网经济的迅速发展，口碑从熟人圈向外延伸，微信、微博等平台的口碑、评价成为消费者的决策信息重要来源之一，购买前查商品评价、吃一颗"安利"成为常态。以美妆产品为例，通过小红书、微博等社交媒体平台，搜索产品测评成为消费新趋势，尤其是长期关注的 KOL（意见领袖）发布的美妆产品评价更加能够对决策产生影响。据 Facebook 数据，美妆专家在社交媒体分享的信息能够影响53%的消费者做出美妆产品购买决策，品牌自身在社交媒体分享的信息能够影响44%的消费者购买决策。[①] 消费者自身也愿意进行社交分享，据有关数据[②]，87%的消费者愿意评论商品，55%的消费者愿意在社交平台分享购物体验，这部分消费者也更容易受到社交分享的影响，形成"购买—分享—再购买"的循环反应。

消费从个人行为向社群传播。在消费市场供给丰富程度及其提高的当前，消费是获得二级标签的重要方式，选择进口品牌还是国产品牌、选择高性价比商品还是奢侈品、预留文化消费支出还是旅游消费支出、外卖消费的频率等，做出消费选择成为消费者自身标签的一部分，而这一标签在社交中成为个人品位、身份的一部分。明星等公众主体的消费行为也呈现极强的带动效应，粉丝群体模仿明星偶像也成为社群行为，明星通过微博等平台发布的个人动态，穿衣、美妆、就餐地点、旅游

---

① 《你的化妆品有多少是由网红"带货"的》，虎嗅网，https：//www. huxiu. com/article/247207. html？rec = manual，2018 年 6 月 6 日。

② 《2018 中国消费者 5 大洞察：两线买、购物社交化、体验至上》，搜狐网，https：//www. sohu. com/a/234045464_ 355041，2018 年 6 月 4 日。

地点等，小到口红色号、调料品牌，大到服装款式、打卡餐厅等，"明星同款"引发爆款。

"网红品牌"发展迅速。"网红"起源于网红主播等 KOL 主体，而后扩展到网红品牌、网红店等。早几年的"雕爷牛腩""外婆家"，这两年兴起的"鲍师傅""喜茶"，都是餐饮界的网红店。网红品牌以网络营销、口碑营销为主，其影响力在近年来随着互联网与居民生活融合程度的不断提高而迅速扩大，打卡网红店和网红旅游目的地等并发布到朋友圈、微博等社交平台上与朋友互动成为时兴的消费方式之一，而且这一消费方式从"90后"年轻消费者向中老年群体扩展。就餐饮业而言，"网红店"呈现小而美的发展趋势，从餐厅等重餐饮发展到饮品、糕点等轻餐饮，传递"网红"的特定概念。过去"网红店"通过网络营销获得市场，更注重概念而非产品本身，更新换代频率高、容易被取代；当前这一现象有所改变，新兴的网红品牌在营销的基础上，逐渐注重提升产品和服务质量，品牌存续时间延长。"网红店"大多规模较小，具有较强的地域性特点，大众点评、公众号等平台及时跟进的网络宣传，例如"全国十大最美书店""北京十大网红餐厅"等榜单，也助推了"网红经济"的繁荣。

4. 消费体验化

消费体验是居民生活水平提高，对于消费的产品和服务本身之外，更多的心理、精神层面的满足。消费体验的重要性逐渐提升，以体验为中心是当前消费发展的重要趋势之一。

多业态融合成为发展趋势。旅游消费中文商旅融合趋势明显，居民在旅游过程中，逐渐注重文化熏陶和文化体验。为满足消费者对于多元消费体验的升级需求，零售、餐饮、娱乐等多功能融合成为趋势，集合多种产品和服务打造多元化场景，无印良品从零售业态向外延伸，将线下店与咖啡餐饮、文化艺术、时尚美容等跨界融合，试图打造一种新型体验的社交化场所；盒马生鲜、小象生鲜等在零售业务的基础上延伸餐饮服务，增加餐饮、娱乐等场景化消费体验成为购物中心、百货店等升级趋势。

互动购买提升体验。消费者单方参与的冷冰冰的购买方式已经成为过去，商家与消费者多渠道互动、缩短与消费者的距离是提升购物体验的重要表现。苹果首创了开设苹果零售店，提供免费商品体验、商品咨询与展示、售后维修等一站式互动体验，与消费者互动增加其对商品的了解度，助推了苹果品牌受欢迎程度的提高。淘宝等电商平台通过动态发布、新品直播试穿等方式缩短与消费者的距离，以高频互动优化消费体验。

参与感提升成为常态。消费者对产品和服务本身产生影响，是消费者获得参与感的途径之一。互联网、大数据等技术应用推广提升供应链柔性，使得按照消费者需求进行定制化生产成为可能，增强消费者对产品的控制感，让消费者参与产品的设计、生产等前置环节，有利于提升消费者满意度。例如餐饮界的西贝莜面村、木屋烧烤等品牌设立明档，让消费者能够看见烹饪过程；赛百味让消费者自己选择调味品、配料种类等。让消费者DIY商品，这些都是增强消费者体验的形式之一。

二 品质消费的发展条件

本部分将对品质消费发展机理进行剖析，这是后文论述流通创新与品质消费间作用关系的基础。先从需求、供给两方面分别论述，包括需求侧的购买力与购买欲望形成，以及供给侧的商品供给与服务供给等，然后说明供给与需求相互适应与匹配的机制与实现方式。

（一）品质消费发展的需求侧条件

从需求端来看，在居民收入水平的提高、年轻化的新一代消费主体崛起、消费观念的转变等因素的作用下，消费者对商品品牌、品质、设计等元素的关注度持续上升，需求侧购买力和购买欲望的提高推动品质消费的兴起。

1. 收入水平提高促进品质消费

绝对收入水平影响消费。凯恩斯的绝对收入假说提出，人们的当期可支配收入决定人们的消费支出，可支配收入的增长推动消费的增长；但是消费的增量慢于收入的增量，呈现边际消费倾向递减趋势。以中国数据为例，2015 年以来，中国居民人均 GDP 突破 8000 美元，经济发展水平的提高带动人均收入水平的提高，根据国家统计局数据，2013—2017 年中国居民人均可支配收入呈现线性增长趋势，全国居民人均可支配收入由

2013 年的 18311 元增长至 2017 年的 25974 元，相应的，中国消费市场规模呈现迅速增长趋势，收入水平的提高是中国消费规模的扩大和消费结构的升级的前提条件之一。

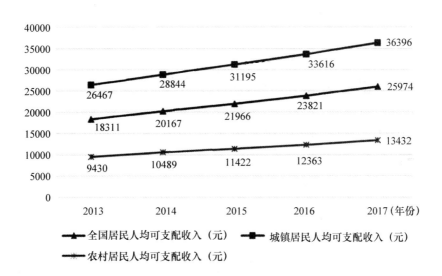

图 2.1　2013—2017 年中国居民人均可支配收入变化
数据来源：国家统计局数据。

稳定的收入水平是品质消费的有力支撑。基于弗里德曼的持久收入假说，居民收入分为持久收入和暂时收入两部分，前者为长期平均的预期收入，后者为短期内的偶然收入；持久收入而非暂时收入能够对居民消费产生影响。经济稳定发展的背景下，居民就业率提高，能够获得预期可持续的收入水平的居民数量增加，而互联网、金融等高回报行业迅速发展并吸纳更多就业人员，推动居民持久收入水平的提高，由此支撑品质消费的发展。能够获得稳定可持续的收入的中产阶级队伍的扩大，是中国品质消费发展的基础。按照世界银行标准，年收入 10 万元至 50 万元之间的人群被定义为中等收入阶级。多方研究表明，中国中产阶级群体不断壮大，且增速较快。根据《2018 中国高净值人群财富白皮书》[①] 数据，中国2017年财富总值达29万亿美元，在全球排名第二、仅次于美国；中国中产阶级人数达3.85亿人，位居全球第一，其中四成来自金融、互联网等新兴行业。中产阶级人群对生活品质有更高的要求，也有更强的消费能力，青睐有品质的产品和服务，是品质消费的重要需求端之一。

2. 消费群体年龄结构变化助力品质消费

莫迪利安尼提出生命周期消费理论，认为人们在较长时间范围内计划他们的生活消费开支，以达到整个生命周期内的消费最佳配置；参加工作的第一阶段的积累用于支持无收入阶段的消费，年龄变化导致个人可支配收入的变化，并影响边际消费倾向。多名学者的研究也证实，人口年龄结构能够对居民消费产生影响。

老年人口比例的提高助推品质消费。有学者基于量化分析等研究方法，发现中国老年抚养比的上升促进了居民消费（祁鼎，2012），"非生产性"老年人口比例的提高减少居民储蓄，从而促进消费。[②] 中国"银发经济"的兴起证实了这一点。传统被认为勤俭、消费克制的老年人群经历了物质生活贫乏、消费需求得不到满足的年代，在长期以来被认为不愿意消费。而今老年人群出于对晚年幸福生活的需求，在有钱有闲的当下，从"能省则省"过渡到愿意花钱，催生了"银发经济"的兴起，预计到2020年中国老年人消费市场总规模达3.3万亿元。[③]

---

① 《中国中产阶级人数全球第一，达3.85亿》，腾讯新闻，http：//op. inews. qq. com/m/LCA2018033001516205？refer = 100000355&chl _ code = licai&h =0，2018年3月30日。

② 杨继军等：《人口年龄结构、养老保险制度转轨对居民储蓄率的影响》，《中国社会科学》2013年第8期，第47—66页。

③ 《预计2020年我国老年消费市场规模将达到3.3万亿》，http：//money. 163. com/15/0916/02/B3JO86Q400253B0H. html。

老年人群消费观念转变和消费升级的表现之一是老年旅游市场的迅速增长，据《2018 老年人跟团旅游消费升级报告》①，2018年的老年群体出游人数较 2017 年增长快速，他们的足迹遍布全球 74 个国家和 858 个目的地；"50 后"已成为最舍得为旅游花钱的群体，国内海外旅游平均单次花费达到了 3115 元。

年轻化的消费主体更加追求消费品质。处于职业黄金期的"80/90 后"群体收入增速可观，预期可持续、稳定增长的收入水平下，消费主体更愿意为品质消费买单，"80/90 后"成为品质消费的中坚力量。他们面临立业、成家、育儿等一系列现实需求，是当前拉动消费增长的主力军。据有关数据，2017 年"90 后"的消费增长幅度同比增长率达 70%，增幅比"70 后"高一倍。② 由于身处在不同经济发展时期，不同年轻群体也呈现不同的消费特点。与"60/70 后"相比，"80/90 后"较多的受到国际文化的熏陶，对于领先的生活品质有一定要求，消费者对价格的敏感度较低，更敢消费也更愿意消费。随着价值观等逐渐完善，"80/90 后"消费者的消费观渐趋成熟，对产品需求呈现多元化、个性化的特点，注重消费体验和质量。但是在高昂房价等现实压力下，承担家庭责任的"80/90 后"也十分注重消费的性价比，以"好的生活、没那么贵"标语进行宣传的自营电商平台网易严选，以极简、有设计的高性价比商品营造生活仪式感，自推出以来极受"80/90 后"青睐。反观"00 后"消费群体，出生在中国经济较为发达的阶段，消费追求更加自我、具有新奇的特点。"00 后"处于 10—18 岁的年龄阶段，正处于求学期，2018 年第一批"00 后"步入大学。"00 后"的成长

---

① 《我国老年人消费升级：50 后最舍得花钱旅游平均达 3115 元》，百度网，https：//baijiahao. baidu. com/s？id = 16159115862180132 40&wfr = spider & for = pc，2018 年 11 月 1 日。

② 葛华勇：《80 后、90 后成为消费主体之后消费升级了》，http：//finance. ifeng. com/a/20180919/16515538_ 0. shtml。

阶段，也是中国互联网迅速发展、中产阶级群体不断壮大的阶段，"70/80后"的财富自由，支撑起"00后"巨大的消费潜力，这一潜力将随着"00后"群体年纪的增长而进一步释放。如果说"80/90后"消费还注重性价比，那么"00后"对于价格的敏感度则进一步降低。"00后"消费群体正处于消费观逐渐成熟的阶段，具备好奇心强、创造性强的特点，愿意为好玩、有趣、新奇的产品和服务支付溢价。

3. 信用消费普及推动品质消费

信用消费能够在一定程度上促进非理性消费和冲动性消费，这一点已经被多名学者研究证实，此处将非理性消费和冲动性消费界定为在多种外部刺激下，个体消费欲求被激发而做出的购买决策。信用卡作为支付媒介的情况下，人们往往会比使用现金消费的数量更多，使用信用卡会加剧冲动性购买行为[1]，文化、家庭、参照群体、社会地位等均能对信用卡非理性消费行为产生影响。[2]

随着消费主体年轻化、国外消费观念的影响不断加深，信用消费的理念逐渐被中国大众所接受。当前消费金融市场不断完善和发展，传统的信用卡消费在中国普及程度逐渐提高，中国银联数据表明信用卡消费增长的速度大于借记卡；蚂蚁花呗、京东白条等信用消费产品的推出将信用消费低调植入居民生活。信用消费理念的不断普及，助推了消费者的超前消费，大到贷款买房、买车，小到用白条在京东平台购物、在天猫平台结算使用分期，消费者在自身可以承受的负债水平内，先购买后付钱的消费方式，进一步催生了消费者的购买欲望、激发了消费

---

① 于建原、谢丹：《信用卡使用对中国大学生冲动性购买行为影响研究》，《金融理论与实践》2007年第11期，第36—39页。

② ［美］德尔·I.霍金斯：《消费者行为学》，符国群译，机械工业出版社2014年版。

者购买潜力，助推消费者提前实现对美好生活的向往。

（二）品质消费发展的供给侧条件

从供给侧来看，商品供给与服务供给质量的提升是品质消费发展实现的基础条件。马克思在《资本论》中提出，生产决定消费，生产为消费提供对象，并为消费创造动力。一国消费水平的高低，最终是由一国的生产力水平所决定的。随着服务业发展水平的提高，生产不仅仅局限于商品生产，还包括服务的生产。当生产制造部门与服务提供部门的产出结构不足以匹配升级后的消费结构，升级的消费需求便无法被满足，品质消费的实现受阻，有效供给难以满足需求，消费规模的扩张和消费升级的速度也因此放缓。品质消费得以发展的供给侧条件，既包括实物商品的有效供给，也包括服务的有效供给。

1. 满足商品消费升级的实物有效供给

消费结构的形成受制于供给结构。在消费升级的趋势下，消费者对于商品本身提出了更高的要求，消费者更期待质优价廉、个性化、品牌化的商品供给，以满足对于美好生活的向往。

定制化能够更加适应消费者需要。在供应链效率和柔性提升的当下，定制化的高效生产成为可能。当前消费者个性化趋势明显，传统的大规模、标准化批量定制产品已经无法满足市场需求，而定制化产品能够让消费者前置需求，参与产品的生产过程，并实现商品和服务的差异化，满足消费者的个性化需求，优化消费体验，提升满意度，从而实现品质消费。

多元化供给更加适应差异化需求。消费主体的多元化导致了消费需求的多元化，不同年龄段、不同地区、不同职业、不同性别等特点都呈现差异化的需求。由此，分层次、分主体的多元化、细分化供给，是满足品质消费的方式之一。不同主体的消费特点百花齐放，涌现出"单身经济""她经济""他经济""母婴经济""银发经济"等，针对不同主体完善细分供给市场，有助于满足不同人群的差异化需求。

高性价比的商品提升消费满足感。高性价比商品意味着商品在合理的价格范围内获得较高的质量。消费品生产端通过技术、供应链等应用程度的提高，在创新的同时实现成本控制，由此能够为消费者提供高性价比的商品，提升品质消费的满足感。

2. 满足服务消费升级的服务有效供给

服务的有效供给增加首先体现在数量的增长。丰富的劳动力供给是服务消费供给的动力。中国第三产业从业人数多年保持增长，2016 年达到 3.37 亿人，预期在人工智能趋势下制造业劳动力将进一步释放，第三产业劳动力供给将进一步增加。同时，适应消费需求规模不断扩大和多元化的发展趋势，教育、旅游、文化、健康等服务消费市场都不断创新产品，细分行业市场主体增加、规模迅速扩大。

服务的有效供给更多的体现在质量的提升。服务质量提升的表现一方面是服务标准化水平的提高，无论是生产性服务业还是生活性服务业，服务标准化都是发展趋势之一。服务企业逐渐强化质量意识，制定服务标准和规范，提升从业人员的专业化水平，以标准化、职业化、品牌化的方式，持续提升服务供给质量水平。服务质量提升的另一方面是服务供给结构的调整。服务消费的增长并不意味着全服务消费的增长，而是根据不同的人群需求，各有侧重，信息消费、数字消费、时尚消费等消费热点频出。服务市场主体针对服务消费结构的变化，实时调整服务供给，更好地匹配细分服务需求，有利于提升消费品质。

服务的有效供给还体现在服务创新度的提高。服务创新主要体现在服务产品和模式创新，核心均是以消费者为中心，共享服务是产品和模式创新的一个形式。共享交通出行、共享租房、共享衣橱、共享餐饮等多场景的应用，都能够在节约资源、提高资源利用程度的同时，实现供给丰富程度的提高，满足居民对于品质消费的需求。

（三）品质消费需求与供给间的匹配机制

1. 品质消费需求与供给之间呈现双向作用

按照马克思对于生产和消费的辩证关系论述，生产决定消费，同时消费对生产具有反作用，消费是生产的目的。从品质消费来看，一方面，消费需求升级对有效供给产生引导作用。消费当前已经成为推动中国经济增长的首要贡献力量，2017 年消费率达 53.6%，满足品质消费需求、推动扩大消费，是推动中国经济增长的重要途径。随着居民对于商品和服务质量、品牌等多方面的需求升级，消费对于生产的反作用将逐渐呈现，提升顺应消费升级的有效供给，既是满足消费者对于美好生活的向往的需要，也是助推中国经济增长的重要途径。

另一方面，供给市场质量和水平的提升能够决定品质消费的实现。供给市场丰富程度，包括商品品牌、种类、层次等多个方面，决定了品质消费对象的丰富程度，消费的实现以供给的创造为基础。同时，供给市场的极大丰富，也能够让消费者的选择更为丰富，线上线下的多渠道，高密度、高质量的商品和服务供给，无处不购物、无时不购物，随时随地激发居民消费的欲望，促进品质消费的供需匹配。

2. 流通载体是促进品质消费需求和供给匹配的重要途径

流通作为衔接生产和消费桥梁，能够在匹配品质消费供给和需求方面发挥重要作用。流通效率的提升、成本的改善、环境的节约等，都有助于推进供需匹配。

流通成本节约促进品质消费供需匹配。学者研究发现，搜寻成本①、退换货成本②、产品购买成本③、时间成本④等流通成本的降低有利于激发消费者的购买点，增加消费数量，刺激消费增长。流通成本的节约有助于优化消费体验，直接提高消费的性价比；而搜寻成本和时间成本等方面的节约，也满足了消费者对于便利化的需求，由此提高消费品质。中国多个流通主体通过提高技术应用水平等方式，实现消费者消费成本的节约，例如淘宝、京东等电商平台的发展，让消费者可以实现随时随地消费，无形中省去了消费者到实体百货购物的路途时间和成本，便利的购物体验让电商受到消费者的青睐，不断增长的电商消费市场是推动中国消费扩大的重要力量。

流通效率提高促进品质消费供需匹配。流通效率的提高主要指以流通组织为主体带动作用下实现的效率提升。学者研究发现，沃尔玛基于自身高效的供应链实现商品的低价优质，有利于刺激居民消费。⑤⑥ 流通效率的提高，顺应而来的是流通环节的高效有序衔接，从而优化消费体验，促进品质消费的实现。

流通环境改善促进品质消费供需匹配。流通环境的改善，

---

① Stahl D. O. , "Oligopolistic Pricing with Sequential Cosumer Search", *Journal of Cosumer Research*, Vol. 14, No. 1, 1987.

② Anderson E. T. , Hsnsen K. , Simester D. , "The Option Value of Returns：Theory and Empirical Evidence", *Marketing Science*, Vol. 28, No. 3, 2009.

③ C. Hawkes, "Nutrition reviews", *Nutrition Reviews*, Vol. 67, No. 6, 2009.

④ Rodriguez, E. , "Consumer Behavior and Supermarkets in Argentina", *Development Policy Review*, Vol. 20, No. 4, 2002.

⑤ Thomas O. Graff, Dub Ashton, "Spatial Diffusion of Wal-Mart：Contagious and Reverse Hierarchical Elements", *Blackwell Publishers*, 2002.

⑥ Jerry Hausman, *Consumer Benefits from Increased Competition in Shopping Outlets：Measuring the Effect of Wal-Mart*, MIT and USDA, 2004.

既包括流通主体推动的微观消费环境改善，也包括管理机构推动下的整体消费环境的改善。学者研究发现，购物环境的香气①、音乐②等微观流通环境的改善，和宏观的流通环境设施改善③，都能够促进消费增长。微观的流通环境改善，有利于增强消费者的即时体验；而宏观流通环境的改善，则能够让消费者买得放心、安心，长期改善消费体验，由此促进品质消费实现供需匹配。

---

① FIORE A. M., Yah X., Yoh E., "Effects of a Product Display and Environmental Fragrancing on Approach Responses and Pleasurable Experiences", *Psychology and Marketing*, Vol. 17, No. 1, 2000.

② MORRIN M., CHEBAT J. C., "Person-place Congruency: The Interactive Effects of Shopper Style and Atmospherics on Consumer Expenditures", *Journal of Service Research*, Vol. 8, No. 2, 2005.

③ 吴学品：《市场化、流通设施环境和农村消费结构——基于省级面板数据模型的实证分析》，《经济问题》2014 年第 10 期。

三　流通创新的本质与特征

近年来，中国国民经济不断发展，居民消费能力不断提升，流通产业规模也在不断扩大。当前形势下，"创新、协调、绿色、开放、共享"五大发展理念对中国流通创新提出了新的要求。为了适应新形势，扩大居民消费，促进经济长期增长，务必加快流通领域的改革创新。

（一）流通创新的核心

流通是连接生产与消费的桥梁，是将商品的所有权与商品实体从生产领域转移到消费者手中的过程，通常流通的过程包括商流、物流、资金流和信息流等。随着商品经济的发展，流通过程在分工专业化背景下逐渐实现产业化。产业创新在流通领域表现为流通创新，流通创新是产业创新的表现形式之一。流通创新的本质是通过流通产业本身不断调整、不断升级，以此达到提高流通效率，降低流通成本，由传统产业迈向现代化发展的目的。

现有文献对流通创新的内容方向以及能够产生的影响进行了探讨。在流通创新的重点内容与实现途径方面，中国社会科学院课题组（2003）认为，信息化是流通产业发展的重要战略，是提高中国流通产业整体竞争力、实现流通现代化的必由之路，信息化建设应成为中国流通创新的关键切入点。范高潮（2003）

认为，中国流通创新应当包含业态、组织、投资主体与所有权、手段、物流基础建设、电子商务发展等方面。徐从才（2011）强调了生产者服务的重要性，认为产品服务是生产者服务的基础和先导；而要建立生产者服务体系，就必须坚持流通创新，通过走进供应链、发展现代流通方式、以信息技术改造提升流通企业经营管理水平和流通运行效率、完善现代市场经济制度等方式改进产品服务体系。丁俊发（2013）认为，流通业应当实施创新驱动发展战略，包括理论创新驱动、制度创新驱动、信息化创新驱动、供应链管理创新驱动、结构调整创新驱动、生活与商务服务创新驱动、就业创新驱动、消费创新驱动、市场创新驱动、商业文化创新驱动。在实施过程中，中国社会科学院财贸经济研究所课题组（2002）指出，流通创新不应照搬西方已有的模式，而应正视东中西部地区的经济差距，对流通制度、流通组织、流通业态以及流通观念等进行全方位创新。丁宁、王雪峰（2013）的研究考虑了城市零售企业创新扩散对农村现代流通体系建设的带动作用，认为在构建农村现代流通体系的过程中，政府需要提升县域中心地市场的域元质量，并根据零售企业在农村市场发展的具体阶段，不断增强其流通创新扩散能力。

　　流通创新能够带来多个层面的影响。在对农业生产与农民收入的影响方面，彭磊、孙开钊（2010）在深入调研北京、杭州、常州三地实践基础上，探讨了新形势下基于"农餐对接"的农产品流通创新模式，并分析了流通创新对于保障城乡居民消费安全、增加农民收入以及促进农村土地良性流转等方面的意义。刘根荣、慈宇（2017）测算了2002—2012年中国农产品流通创新指数，并利用实证方法分析了农产品流通创新对农民收入的影响，结果表明农产品流通组织创新和技术创新对农民收入都有显著正向促进作用，且组织创新的促进作用要强于技术创新的促进作用，而农产品流通技术创新应用和推广对农民收入的影响并不显著。朱丽萍（2011）考察了农产品价格波动的因素，提出农产品流通的创新是有效解决农产品价格波动对中国农民和城市居民负面冲击的有效途径。在对制造业的影响方面，丁宁等（2013）研究了流通创新对制造业全要素生产率提升的绩效，结果表明，流通技术进步和组织创新对制造业全要素生产率的提升产生较为明显的促进作用，而技术效率对制造业全要素生产率提升的作用不显著。依绍华（2017）研究了流通业自主品牌建设，认为流通业自主品牌对品质消费具有促进作用，有利于扩大有效供给，提高整体供给质量，推动商业模式创新，促进消费结构升级。

综上所述，流通创新是流通产业创新的直接表现，以流通企业为主体，通过微观创新带动中观创新乃至区域国家层面的宏观创新。流通创新的核心是流通产业内的企业依托先进科学技术手段和理论理念等，通过模仿创新、自主发明等形式对流通中的商流、物流、信息流和资金流进行全面革新，主要体现在流通技术、流通模式、流通组织、流通政策、流通体制等方面的创新。

（二）流通创新的内容

1. 流通技术创新

流通技术总是伴随流通业的产生和发展产生的，流通技术创新则是指产业或企业通过采取新技术、新的流通方式对流通资源、流通要素进行新的组合，以提高流通效率，实现利润，提升产业或企业竞争力。根据技术创新给流通业带来的重要影响和作用，流通领域共发生了三次大的技术创新活动，分别是流通技术机械化、流通技术标准化、流通技术信息化。

机器大工业为批发商的独立提供了丰富多彩和大量的货源，交通运输和通信条件的改善，仓储条件的改进，充足的资本，广阔的市场导致了流通技术机械化，流通机械化促进了流通组织生产规模的扩大。批发和零售的分开导致商品流通形式发生了现代意义的变革，现货交易实现了从现货销售到样品销售，从凭样品销售到凭标准品销售的飞跃发展。

随着社会分工的不断深入，整个商品流通过程的社会化、专业化程度不断提高，这就要求流通过程实行标准化，标准化技术应运而生。目前，标准化技术主要有商品标准编码技术、商业设施与设备的标准技术、条形码技术等。条形码技术是随着计算机与信息技术的发展和应用而诞生的，它是集编码、印刷、识别、数据采集和处理于一身的新型技术。目前世界上常用的码制有 ENA 条形码、UPC 条形码、二五条形码、交叉二五条形码、库德巴条形码、三九条形码和 128 条形码等，而商品上最常使用的就是 EAN 商品条形码。流通技术的标准化促进了物流作业效率提高，进而提高了货运量，降低了流通成本。

随着计算机信息网络技术的应用，社会经济进入了一个信息化的时代，各种信息网络技术也被应用于商业流通企业的经营和管理。信息技术的应用将流通技术的发展推进到一个新的高度和阶段，西方发达国家流通领域的技术应用已经达到成熟阶段，商品订货基本实现了 EDI 化，而信息技术在中国流通领域的应用还处于起步阶段，在流通领域应用水平还比较低。目前，信息技术在流通领域的应用包括企业资源计划（ERP）、POS 系统、电子订货系统（EOS）、电子数据交换（EDI）、射频技术、全球定位系统 GPS 等。ERP 是在信息技术基础上，以系统化管理思想为企业决策层和员工提供决策运行手段的管理平台。POS 系统是一种多功能终端，能实现电子资金自动转账，具有支持消费、余额查询和转账等功能，使用起来安全、快捷、可靠，POS 系统能快速输入商品信息，使商业流通者随时掌握畅销和滞销的商品，有利于调整经营商品的结构，降低库存，提高商品周转率。电子订货系统（EOS）是利用计算机网络在企业内部或企业之间进行互联，相互传递、交换货物信息。电子数据交换（EDI）是通过电子通信的方法，在交易伙伴的计算机网络之间进行数据交换，比如标准格式的商业文件的交换。射频技术是自 2004 年以来在全球范围内兴起的一股技术热潮，沃尔玛、宝洁、波音公司皆在积极推动其在制造、物流、零售、交通等领域的应用。全球定位系统 GPS 具有在海、陆、空进行全方位实时三维导航与定位能力，它可以在一个更为广阔的地域范围内产生作用，从而弥补了射频技术的不足。流通技术信息化的实质是供应链效率化、价值链增值化、信息链可控化，显著提高了采购、仓储、运输、订单等流通环节的管理水平。

2. 流通模式创新

流通模式是指商品或服务从生产者到消费者转移过程中，各种流通要素构成的有机统一体，包括作为主体的流通机构、客体的各种商品或服务以及实现商品交换的条件等。流通模式创新不仅可以降低交易成本，而且可以满足消费者的多样化需求，促进品质消费，具体包括零售业态创新、供应链整合、物流业的创新、多方共同参与的模式等。

（1）零售业态创新

自改革开放以来，中国零售业态不断创新，短短数年时间即完成了从独立商店单一业态形式到百货店、超级市场、购物中心、网络零售各种业态遍地开花的业态演进过程，为零售业带来了飞速发展，尤其是新零售的发展。与传统零售相比，新零售指零售主体线上和线下深度融合以及消费者大数据的有效利用，从而利用数据控制生产，同时通过各种技术，提升顾客购物体验。

表 3.1　　　　　　　　　　零售业态的种类

业态	目标顾客
食杂店	以固定居民为主

续表

业态	目标顾客
百货店	目标顾客为追求时尚和品位的流动顾客为主
超市	以居民和流动顾客为主
便利店	目标顾客为单身者、年轻人
专卖店	以中高档消费者和追求时尚的年轻人为主
家居建材商店	消费者自有房产比较多的地区
购物中心	商圈内顾客
电视购物	以电视观众为主
网上商店	目标顾客为追求便捷性的消费者
电话购物	根据商品的特点，目标顾客不同
自动售货亭	流动顾客为主

数据来源：作者整理。

　　供给侧改革的目的是调整商品的供给与消费者需求的匹配程度，零售环节处于流通过程的末端，将商品传递给消费者，是商品流通的最终环节，也是实现商品价值的关键环节。概括起来，零售业态的创新表现在以下几个方面。

　　首先，零售主体转向了多业态经营。传统零售已无法满足消费者的需求，以百货店为主的零售企业面临转型危机。百货店成立的基础是人口向大都市的集中，但是这并没有解决市场受地理空间的制约。百货店在人口规模较小的区域无法开展经营活动，于是就必须进行创新，推行这一创新的就是连锁店。连锁店是将多个同类型店铺在中央集权的、总部主导的体系下，进行一体化管理的零售业态，其采购、备货、定价等权限集中于总部，店铺和店铺活动完全实行标准化。随着交通和通信技术的发展，连锁店的经营更加高效，几乎所有国家都随着城市人口郊外化流动而得到了迅猛发展。面对大型零售商开发大型店的举措，具有企业家精神的一些中小零售商为与之抗衡走上了专业店的发展道路。而购物中心是在充分考虑消费者购物规模、环境、配套设施的要求下，在一栋大型建筑物内将各种商业服务功能配备完全，满足消费者的整体需要。它融汇了购物、美食、娱乐、休闲、文化等多种元素，是一系列国际品牌的强强联手，是大型连锁业态的强力汇聚，是以大业态为主力的一站式消费王国。购物中心目前已经成为发展速度快、影响最广的一种流通模式。

其次，传统的零售企业，虽然在网络销售冲击下面临着危机，但仍然不能完全被取代，部分传统零售企业在互联网发展的背景下，利用网络平台实现多渠道经营，提升了传统零售企业的业绩和服务质量。越来越多的便利店开始将单纯的实物商品售卖逐渐延伸到多元化服务功能的创新。不少便利店利用网店优势，开始开展一些超出传统业务的增值业务，如送货上门、代收快递、充值缴费等。

再次，互联网改变了购物方式，越来越多的消费者选择了网上购物，相比较来说，网上购物一般能节约人们的时间和精力，网络零售迅速发展。网络零售不同于传统的商店，不需要店面、货架、营业员等，商家在因特网上自设网站，展示、销售商品，顾客通过网络浏览展示的商品，进行选择和购买。这是全新的分销渠道，具有成本低廉、无存货样品、全天候服务和无国界区域界限等特点，克服了信息流通的障碍，使得零售市场竞争更为激烈。

最后，在信息越来越透明，消费主权越来越大的背景下，以用户体验为中心的新零售更适合未来的发展。以体验、分享的服务带动用户需求，并在产品全生命周期中为用户持续不断地提供服务才是零售的价值。目前，体验店、升级体验中心已经成为新的潮流，体验经济为零售业的发展带来一个全新的发展空间。近期备受关注的无限极"氧吧"体验店，则是通过"寻养记"互动游戏、节气拼图等各种娱乐活动让游客了解中草药和亚健康体质。因此，新时期零售业与信息技术的融合，形成了新型零售业态，是零售业的一次翻天覆地的变革。

（2）供应链整合

供应链是一个相互协调、紧密结合的系统，由供应商、制造商、分销商、零售商和最终用户连接起来，围绕一个核心企业，通过对物流、信息流和资金流的控制，从采购原材料开始，制成中间产品以及最终产品，最后由销售网络把产品送到消费者手中的功能网链结构整体。供应链的概念最早出现在20世纪80年代，以核心企业为主，以市场需求为导向，以客户需求为中心，将产品生产和流通过程中所涉及的原材料供应商、生产商、分销商、零售商以及消费者链接在一起。

所谓供应链整合，是指企业将供应链上的各成员与其内部成员进行有效的战略联合，通过共同管理企业的内外业务而形成一个完整的流程系统，并且能够在这一系统内实现高效的决策流、信息流、资金流、服务流以及产品流，从而能够以较高的效率与较低的成本为客户创造最大化价值。它的特点是配送中心、供应商和零售组织共享商品交易信息，当消费者在零售终端完成交易时，供应链各方获取商品的库存等信息，及时补货、统计、管理。这种模式的优势在于信息迅速传递，零售组织不需要单独统计库存信息和消费者偏好，而是由配送中心整合供应商和零售商的信息，减少了商品物流成本，并且提高了供给速度。这一模式需要供应商、配送中心、零售商相互合作，不仅实现信息的时间协同、商品供给空间协同，还要实现利益分配的网络协同。

如图3.1所示随着供应链的不断发展，根据不同的标准我们可以将供应链分为以下几种类型。一是根据供应链上是否存在主导企业，分为主导型供应链和非主导型供应链。在一条供应链中往往存在一个具有强大的竞争实力，对其他成员起到主导作用，这个占主导地位的企业被称为核心企业，存在核心企业的供应链被称为主导型供应链,否则被称为非主导型供应链。
主导型供应链又可以根据主导企业的性质划分为三个类别,制
造企业供应链,零售企业供应链,物流服务供应链。如对于大
型连锁品牌零售商而言,为缩短商品从设计、生产到流通的周
期,提高商品流通速度,会直接与制造商合作,利用当地原材
料供应,商品直接流入市场,省略批发环节,面向所在区域的
消费者销售。该模式由零售商主导,借助面向消费者的优势,
通过分析消费者需求,生成产品需求信息或者完成自主设计,
以订单形式主导上游生产环节。这种模式为大型零售。

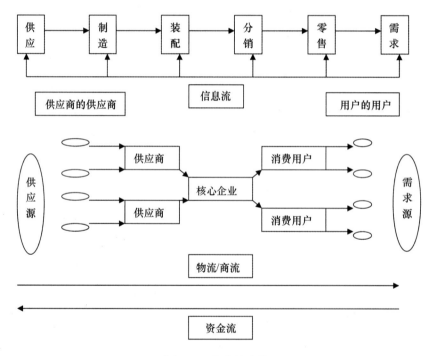

图 3.1　供应链结构

二是根据供应链的范围分为内部供应链和外部供应链。内
部供应链只关注企业内部各部门间的协调,将原料采购、生产
和销售视为企业内部的业务流程,不重视外部合作。而外部供
应链更看重外部优势企业的合作,形成战略伙伴关系。随着最

终消费者需求的提高以及供应链整合的需要，流通组织中各环节通过全方位的整合逐渐形成了优势互补、资源共享、风险共担的供应链动态联盟。

三是根据供应链响应需求的驱动力分为推动式供应链和拉动式供应链。推动式供应链是企业根据经验对市场的需求进行预测，安排生产，然后由分销商和零售商把产品推向市场，零售企业接受制造商的领导，这种模式对市场相应速度较慢。拉动式供应链是按照实际产生订单组织安排生产，驱动来自最终用户，对市场响应能力较强，能快速对生产做出变动，及时满足用户的要求，降低供应链的库存水平。消费者需求主导模式就是拉动式供应链，产业链优化和流通创新的最终目的是为了满足消费者的需求，所以消费者需求是从生产到流通的最核心的因素，以消费者需求为主导的产业链由此产生。这种模式首先由消费者根据个人偏好通过零售平台选择商品品牌，通过线上平台和线下实体店了解产品信息，提出个性化需求，指定产品相关参数。其次，零售平台将产品订单传递到制造平台，制造平台选择与消费者需求相匹配的制造商、原材料、模块化组件等。最后，制造商对产品进行加工组装，有针对性地提供产品服务。制造平台通过整合制造商和原材料降低了生产成本，零售商通过整合商品信息降低了流通成本，这种模式适用于加工制造业，不仅可以满足消费者的需求，实现顾客价值，还可以减少库存，降低传统生产者驱动型产业链带来的供需错配风险。

四是推拉结合的供应链。单纯的供应链无法满足市场的快速变化，所以出现了推拉结合的供应链。对于高成本的电子和汽车产品，为了节约成本，并不单纯地采用拉动式供应链，在面向用户需求的时候采用快速相应订单的拉动式供应链，在供应链上游按照需求预测安排生产，采用推动式供应链。

综合来看，拉动式供应链能对已经成为现实的需求进行快速响应，而不是着眼于不可知的需求进行预测；在供应商选择方面，更强调在速度、灵活性方面能与其密切配合，并以外部协作网络和内部分权、扁平化组织来保证整个供应链的柔性和敏捷响应；在产品策略上，采用模块化方式设计、制造。拉动式供应链的这些特征决定了其能够保证在流程方面实现高度的柔性和灵活性，这就初步形成一种既能提供多品种定制产品，又能实现低成本、高速度规模化生产的产业模式。这种模式将大规模生产模式的规模经济效应与消费者多样化、个性化需求紧密结合，而且在科技革命的推动下迅速发展。

（3）智慧物流

物流作为商品生产过程中的必要劳动，是伴随着生产分工的进行而分离出来，逐渐成为一个独立的产业。"物流"概念引入中国是在20世纪70年代末期。随着中国计划经济向市场经济转轨过程中市场交易不断繁荣，物资流通越来越频繁，对物流系统的要求也越来越高，物流业也开始由计划经济时代纯的物流调配，逐渐发展为专门的高度市场化的现代物流业。传统的物流重视运输、储存、包装、装卸、流通加工、信息等构成要素的系统最佳，尤其是销售物流与生产物流；而现代物流强调物流系统与其他系统的大系统最佳，强调供应、生产、销售、消费等全过程的大物流。伴随经济的发展，社会分工的深化，基于物流网大数据的智慧物流是现代物流的发展方向，智能物流技术装备是智慧物流的骨架。

智慧物流是将 RFID、传感器、GPS、云计算等信息技术广泛应用于物流运输、仓储、包装、装卸搬运、流通加工、配送、信息服务等各个环节，实现物流系统的智能化、网络化、自动化、可视化、系统化。物联网技术是智慧物流的基础，互联网与移动互联网是智慧物流的中枢系统，大数据、云计算是智慧物流的大脑，物流网的实体运作与应用通过各类智能物流设备来完成。据估算，2020 年智慧物流行业市场规模将接近 1400 亿元，年均增长 20%，工厂自动化物流需求 650 亿元，电商 400 亿元，快递 336 亿元。

智慧物流之所以快速发展主要源于以下两个方面：一是智能物流技术可以降低物流成本。中国物流成本占 GDP 的比重一直居高不下，虽然近年来占比趋势有所下降，但与发达国家相比仍有很大差距。智慧物流系统可以节约 70% 的土地成本，带来租金成本的大量下降，自动化物流系统由于在仓储方面是采用向高处发展的方式，有较高的土地利用率和库存容积率，可减少企业的土地成本。智慧物流可以降低 80% 左右的劳动成本，解决人工成本持续增长的问题。同样吨位货物存储时配备的仓储物流人员，自动化物流系统可以节约三分之二以上。二是智慧物流在工作效率和准确率方面具有巨大的优势。由于采取计算机控制管理，各受控设备完全自动地完成顺序作业，使物流周转管理、作业周期缩短，仓库吞吐量相应提高，提高了工作效率。因为贮存量小，占地面积小，物料互不堆压，存取互不干扰，保证了库存物料的质量，减少了在存储货物中可能出现的差错，降低了货品的破损率。

京东"亚洲一号"现代化物流中心（一期）在 2014 年 6 月完成设备安装调试，开始运营，订单处理能力亚洲第一，全球前三，实现了 50 万种 SKU（库存量）的管理能力，以及 20 万的日订单处理能力，分拣处理能力达 16000/小时，分拣准确率高达 99.99%，解决了原先人工分拣效率差、准确率低、破损严重等问题，可以为瞬时大流量包裹分拣、配送时效及客户满意度保驾护航。"亚洲一号" 90% 操作实现自动化，零出错率，大大提升了准确度，而收费模式不像传统仓库按照仓储面积和天数收取租金，而是按照实际订单完成数量进行收费，拣选的越多，收费越高，从而降低了企业成本。

（4）多方共同参与的协作模式

社交商业的价值主要体现在两方面，一方面，企业直接和消费者通过社交平台建立连接，促进与用户之间的情感链接，帮助企业建立起高效的营销生态圈；另一方面，互联网科技的发展，促使社交应用本身的技术不断发展与成熟，给商业节省了大量成本，低成本地实现并维系着与消费者的沟通。近几年兴起的微商就是主要在微信的社交网络平台上孕育并发展起来的。社交平台依据消费者个人信息以及自主形成的社交网络，分析消费群体偏好，及时向消费者提供商品信息。部分网络零售商还通过已有的销售平台拓展社交服务，依据消费者的浏览记录、地理位置、社交群体等形成个性化推送服务。社交平台具有开放性，能从两方面提高供给有效性。一方面，消费者之间可以通过平台实现购物社交化。借助社交网络平台，消费者可以根据好友的评价制定购买决策，同时由于自己的影响力，可能带动相关消费者形成购买意愿。平台通过对消费者和好友的数据整合信息，有效分析消费者需求。另一方面，制造商和供应商可以搭载社交平台，实现资源和产能的整合。所以，传统流通模式的渠道供应，可发展为多个流通组织的平台整合，不同流通环节通过同一平台的资源整合、信息整合、物流管理，实现从设计到生产再到销售的合理供需匹配。这一模式的优势在于消费者信息易于获取，交易成本和进入壁垒较低，打破了固有的供应链线性模式，变为网络化、动态化协同模式。

3. 流通组织创新

一般而言，任何组织在其本质上都是一定的契约的联结。学者威廉姆森将契约分为三种：一是契约各方经过交换来实现协调，称为古典契约；二是契约各方经过协商和独立的第三方来实现协调，称为新古典契约；三是通过权威规定各自的行为规范来实现利益和协调，称为关系契约。这三种契约对应着三种流通组织，比如批发市场、流通合作组织、龙头企业＋农户等。从学术界对流通组织范围界定来看有广义和狭义之分，广义的流通组织不仅包括从事流通经营活动的主体，还包括辅助流通顺利实现的其他组织，主要涉及有流通功能的生产商、批发商、零售商、物流仓储配送企业等核心组织和金融企业、信息企业、流通加工企业、流通管理企业等服务企业。而狭义的流通组织主要指承担流通核心功能的生产商、批发商、零售商和物流部门。

流通组织创新是在既有条件下，为适应生产和消费等社会经济环境的变化，通过创造、集中、分散、融合、协作等方式，对商品或服务的流通环境和方式进行重塑，达到提高流通组织运行效率的过程。流通组织创新的趋势是以最小的交易费用获取最大的流通量，以发挥规模经济效应，增强企业竞争力为目标。比如批发市场、连锁经营、流通经济合作组织、不同业务的企业之间的合作。

中国在2006年实施"双百市场工程"，试图建设与国际接轨的农产品现代流通体系，拓宽农产品流通安全、促进农民增收的新路子。它的主要内容包括：一是改造100家大型农产品批发市场，选择100家左右辐射面广、带动力强的全国性和跨区域农产品批发市场，重点加强物流配送、市场信息、检验检测、交易大厅、仓储及活禽交易屠宰区等基础设施项目建设，进而发挥标准化市场的示范作用和辐射作用，带动农产品流通组织全面创新，完善设施，优化服务，规范经营；二是着力培育100家大型农产品流通企业，重点推动农产品流通标准化和规模化、优势农产品市场营销及组织开展农商对接，探索"超市+基地""超市+流通合作组织""超市+批发市场""超市+社会化物流中心"。通过重点市场、重点流通组织示范带动，降低农产品流通成本及流通环节损耗，从而使更多优势农产品进入市场。

连锁经营是指经营同类商品、使用统一商号的若干门店、在统一总部的管理下采取统一采购或授予特许经营方式，实现规模效益的一种经营方式。连锁不同于业态，业态是商人为满足不同的消费需求而形成的不同的经营形态，业态与连锁的关系好比珍珠与项链的关系。最早的现代连锁经营是1859年在美国纽约诞生的第一家连锁店"大西洋与太平洋茶号"，中国现代连锁经营第一家是1990年广东东莞糖烟酒公司创办的美佳连锁超级市场。连锁经营的本质是将现代工厂化经营的方式运用到商品交易过程中，具体来说，是采购与销售相分离，集中采购，分散销售，通过规范化经营，实现规模效应。它具有以下优势：一是连锁经营将众多的小企业或门店集合成"大企业"，有利于与垄断企业抗争，形成市场的均衡力量；二是连锁经营有利于统一采购商品，获得批量定价的优势，有利于统一配送，降低配送成本，提高配送效率，有利于企业信息化水平的实行和高效的管理，有利于统一形象，发挥品牌效应；三是连锁经营把分散的经营主体组织起来，具有规模优势。四是连锁经营容易产生定向消费信任或依赖，消费者在商品质量上可以得到保证，这是由连锁经营的统一管理、统一进货渠道、直接定向供应等特点决定的。现代连锁经营虽然在中国产生的时间短，但是在中国发展迅速，已经成为流通业的发展趋势；目前，连锁经营已经渗透到零售业、餐饮业、服务业以外的许多领域，如眼镜、医药、药材、农资、家电、建材等。

另外，流通组织创新增强了流通功能，整合了相关产业，延长了产业链，扩大了流通业规模。第一，流通业整合自身功能的流通组织创新。在现代服务经济的背景下，流通自身功能不断扩大，出现了一批新型流通业态，最具代表性的是现代物流业。第二，流通业整合制造业的流通组织创新。这种流通组织创新造成流通支配生产的新线下，流通的产业链延伸到制造环节，扩大了流通业规模，比如流通商主导的供应链联盟。第三，流通业整合其他服务业的流通组织创新。流通业与旅游业的整合，将游玩、美食、美景、购物融为一体，挖掘旅游景点、文化遗产的商业价值。流通业与房地产的整合发展出商业地产、物流地产等。流通业与金融业的整合，流通业的发展对信用体系有很强的依赖性，客户的信用评级、资金的支付结算等皆需要金融业的支持，比如阿里巴巴建立的第三方支付平台支付宝等。

4. 流通政策创新

随着社会主义市场经济体制的确立与完善，原有的流通政策体系已经被打破，新的且适应市场经济发展要求的流通政策正在逐步确立。1978 年党的十一届三中全会确立了改革开放的路线，为建立新的商品流通开辟了道路，40 多年来，随着实践的不断发展，流通政策是在围绕着建立社会主义市场经济流通体制展开的，并在以下几个方面取得了很大进展。

一是调整社会流通业所有制结构。包括大力发展个体商业，放手发展个体商业，发展私营商业和引进外资商业，试营商业转制。二是调整购销形式。在日用工业品方面，从统购统销、计划收购、订购、选购发展到自由购销；在农产品方面，从调整加价收购、调整奖售、调整统购统派的制度发展到实行市场调节制度。三是流通中介格政策改革。明确了价格管理权限职责，确定实行国家定价、国家指导价格和市场调节价格三种形式，改变作价办法，调整和放开大多数商品的价格等。四是调整商业企业的组织结构，建立市场体系的政策。从站司合一、贸易中心，到建立企业集团，实行连锁经营，建立现代企业制度。五是规范流通秩序。为了保持正当竞争，维护生产者、经营者和消费者的利益，国家颁布了一系列政策，整顿流通秩序。比如《中华人民共和国反不正当竞争法》《中华人民共和国消费者权益保护法》《城乡集市贸易管理办法》《中华人民共和国商标法》《中华人民共和国产品质量法》等。六是流通行政改革的政策。从政企分开、间接管理到组建国内贸易局统管商品流通，目前主管流通部门的有中华人民共和国商务部、国家药品监督管理局、国家烟草专卖局及国家工商行政管理局等。

流通政策创新与改革推动了中国社会主义市场经济体制的建立，促进了商业的发展，解放了流通生产力，促进了市场繁荣，实现了流通所有制结构调整，扩大了市场机制调节作用，企业的经营机制转化取得了巨大进展。

5. 流通体制创新

中国流通体制改革是伴随着经济体制改革展开的，是经济体制改革的重要组成部分，流通体制创新促进了流通产业多种所有制经济成分共同发展，优化了流通产业组织结构，提高了流通产业现代化水平。纵观 40 多年流通体制改革，中国新的商品流通体制取得了很大成就，引入了市场机制，形成多元化竞争，减少了流通环节。

首先，随着集体、个人私营商业企业和中外合资合作商业企业的迅速发展，突破了单一的国有流通企业垄断的局面，同时国有流通企业实行了股份制改革，实现了组织创新。多渠道参与商品流通局面的形成，带来了市场主体间的相互竞争、相互促进、相互补充、优胜劣汰，有利于商业企业提高服务质量，有利于企业提高效率、降低成本，最终有利于丰富市场供应，满足消费者的需要。在业态上突破了原有三级批发、百货店的形式，出现了连锁店、超市、购物中心、物流中心、流通集团等新业态，这些流通市场都在不同方面发挥了优化和配置资源的作用。

其次，市场交易制度创新。政府通过培养市场，使之取代传统的流通体系，政府取消了对固定购销关系的限制以及改革价格管理体制等，扩大了市场调节的数量、范围和力度。现在企业需要的原材料和生产的产品，城镇居民需要的消费品几乎都要通过市场交换，基本上是按照市场的供求规律和价值规律运行。

再次，市场中介组织营运而生，在商品流通中发挥了传播、纽带、桥梁作用。市场中介组织在商品流通中的作用越来越大，形成了不同作用、不同功能的市场中介组织体系。如有助于行业协调、自我管理、自我约束的各种商会、行业协会等企业间行业自律组织。再如有助于公证、认证的各种商品质量、计量、检验机构、公证机构等服务组织。

最后，政府推进了适应市场经济的流通管理制度创新，市场宏观调控体系和市场法律建设取得了很大发展。随着市场体系的建立，政府减少了对经济的直接干预，大幅度减少了指令性计划，转向间接调控。国家通过颁布、实施一系列法律规范来保护消费者权益，维护流通秩序，商品流通与市场体系建设法制化的局面正在逐步形成。

总之，流通体制的创新向商品活动主体提供了激励机制，抑制了交易费用的增加，发挥了商业活动的规模效应，促进了经济的发展，也带动了中国流通市场的繁荣。流通市场的活跃与繁荣促进了生产的快速发展，也促进了人民生活水平的提高。

（三）流通创新的影响

流通创新最终表现为流通水平和质量的提升，流通水平和质量的提升不仅对消费和生产产生了影响，而且也对贸易产生了重要影响。首先，从消费者需求出发，企业依靠先进的信息管理，通过流通模式的创新满足了不同消费者的个性化需求，增加了消费量，提高了消费者的消费品质。其次，通过在线售后服务，生产者能够随时了解市场的变化，消费者对产品的满意情况，跟随市场变化推出适销的产品和服务，提高自身的竞争力，带动其他部门的增长，促进生产的发展。最后，大数据、物联网、云计算等新一代信息技术在流通领域的应用，促使国内外市场深度接轨，流通创新可以有力促进贸易方式的转变。

1. 流通创新对消费的影响

（1）流通创新对消费增长的影响

流通向下连接着消费，消费的任何变化都会通过流通企业传导给生产企业，生产企业遵循消费者需求进行生产，才能使产品销售顺利。流通环节的各部门通过分析消费者需求，使消费结构得以改善，除去日常生活必需品之外，许多商品弹性比较大，消费者在选择上有更大的余地，流通环节对消费的引导效应逐渐增强。流通创新对居民消费的影响主要体现在以下几个方面。

第一，流通创新可以拓展流通渠道。流通对消费的作用首要途径就是流通渠道，流通组织不断创新，增强了流通功能，流通业的规模不断扩大，有效拓宽了流通渠道，增加了供给的多元化。比如，"新网工程"依托供销社的网络资源建设农资、农副产品、农村日用消费品、资源回收四大工程，沟通了城乡双向的消费品流通体系，解决了农产品卖难、农资买难的问题，提高了农村消费水平。"新网工程"实施以来，安徽省供销系统拥有年销售额超亿元的骨干企业32家，超过5000万元的骨干企业16家，共建有各类连锁经营企业179个，配送中心365个，连锁网店1.3万个，有效拓展了流通渠道。

第二，流通创新可以改善消费环境。流通创新有利于改善消费环境，客观上提高消费者购买行为，从而提高消费水平。零售业特别重视消费中的安全问题，零售业是商品从生产者到批发商、零售商的通道，保障流通环节的安全，就是保障消费环境安全，通过消费环境的优化，消费者的相关利益才能实现。流通行业低速缓慢，那么流通环境自然较差。而流通技术的标准化，保障了消费中的安全问题，使消费者消费放心，流通业态的创新，增加了消费者的选择，流通制度的创新保障了消费环境的健康稳定有序，这些都有力地促进了消费水平的提高。例如，农超对接模式下超市会对农产品的生产、加工、配送、销售等环节进行质量检测，对所售农产品质量实行可追溯保证，保证消费品质量。

第三，流通创新可以带来规模经济效应，从而降低消费价格。流通组织创新中的连锁经营，通过配送体系的正常运作，可以实现合理库存，减少缺货成本、脱销成本等，通过连锁总部与各分店、配送中心的有效衔接，实行统一采购、分散销售，可以降低进货成本、销售成本，从而降低商品零售价格，实现薄利多销。一方面，采购具有规模优势，通过对分店采购权的集中，可以有较强的议价能力与供应商讨价还价，获得大批量进货的价格优惠，采购的规模优势不仅能降低成本，而且由于标准化的操作可以杜绝假冒伪劣商品，保障消费者的权益。另一方面，仓储、配送方面具有规模优势。在集中采购的基础上设置仓库，要比单店设立仓库节省仓储面积，通过总部集中配送来选择最佳的运输路线，可以充分运用交通工具。这样对于商品来说，既可以降低商品价格，又可以合理配置资源，实现资源的合理利用。据调查，湖南步步高的连锁超市在湘潭楠竹山镇开业以后，当地生活用品的价格降低了10—15个百分点。山东开元百货公司通过连锁配送、集中采购，农村物流成本降低了5—6个百分点。

第四，流通创新可以扩大销售规模。流通组织创新通过合并、重组、供应链整合等，可以大幅度降低交易成本。垂直一体化与横向一体化相互渗透、大中小企业共生的流通组织创新有利于形成良好的流通组织生态，扩大流通组织的销售规模。流通组织的连锁化，为消费者提供质优价廉的产品，而整洁舒适的购物环节也能激发消费者的购物欲望，促进消费量的增加。多店铺销售使连锁经营深入到农村居民相对聚集的消费区，具有小店铺的渗透优势，规模化的进货又能维持较低的成本，一定程度上解决了由于农村居民消费分散而造成的销售成本过高、商品价格偏高的问题，并能以分散化的销售最大限度地满足农村居民消费需求，增加销售规模。同时，连锁经营增加了农民就业，提高了农民收入，为扩大消费提供了物质基础。

（2）流通创新对品质消费的影响

中国居民消费结构正从生存型消费向发展型和享受型消费转变，随着居民收入水平的提高，恩格尔系数逐步下降，人们更加注重生活的质量，表现为对品质消费的需求增加，如果流通领域不能促进品质消费，就会出现结构性过剩和结构性短缺的现象。在结构性过剩的情况下，可以通过政策引导、价格机制、流通创新等共同作用实现升级，扩大有效需求，拉动总需求的提升，实现总供给和总需求在新层次上的动态平衡。

品质消费曾出现于各类媒体采访报道，中国贸促会研究院贸易研究部研究认为，品质消费体现在两个方面，分别是商品的品质和品牌、服务的品质。由人民网新媒体智库、北京师范大学社会治理与公共传播研究中心联合发布的《品质电商与供给侧改革研究报告》将消费倾向由大众产品向高端产品升级，主流电商平台上价格对购买的决定作用下降、消费者开始关注商品品质，以及消费者对电商品牌意识的提升作为网络消费品质化发展的表现。笔者认为品质消费是消费者在购买商品或服务时，更加看重技术、功能、保障等决定的质量水平和整体层次，同时愿意且有能力为此支付更高的价格。

回顾日常的购物体验，经常是一次购物出行购买多种商品。消费者为什么要多目的的出行，并在一次购物出行中购买多种商品？主要理由是追求一段时间内的购物效率化。随着经济增长，消费收入的提高，消费者需求越来越多样化。消费者要维持消费生活，所需商品的品种数不断增加。要从市场上购买多样的商品，消费者就必然参与各种流通活动，流通创新可以满足消费者的需求。比如一站式购物中心，零售业娱乐设施。没有流通业态的创新，就没有多样性的备货，也就没有消费者的多目的购物出行。百货店、大型购物中心、连锁店等零售业态承担了消费者一站式购物功能，在商业设施中设置步行街、购物区、休息场所等公共空间以及文化活动等设施，更有利于满足消费者购物、参观、体验、休闲、餐饮、娱乐、享受等综合性的消费需求。消费者购物的过程成了享受型消费的过程，享受型消费可以是与售货员的对话、与同伴闲聊的愉悦，同时还包括饮食及多种文化要素，以及与家人、朋友一起散步、度过休闲时光的乐趣等。所以，销售设施和餐饮设施的有机结合恰恰提升了消费品质。

与传统零售相比，新零售创造了各种各样的场景，让用户体验感受到产品的物超所值。消费者的购买决策受其年龄、性别、职业、受教育程度、经济状况、生活方式、个性等因素影响，流通企业可以通过供应链、信息平台等对消费者的受教育程度、经济状况、生活方式等个人特性的研究，做专业的预测，根据消费者的个人特点为其制定个性化的方案，同时让他们了解公司的文化，提升产品的附加值。在新兴的体验经济下，用户的感受有时比产品本身更为重要。体验店的兴起，让体验店有了自身的优势，例如对新技术产品的体验、定制和个性化服务的体验与其他优势，都成为实体店逆袭的优势，为消费者带来了更好的服务，在隐形中提高了消费品质。

伴随流通领域的创新，商品的品质得到了保证。流通技术标准化和连锁经营的标准化，保证了产品的质量，减少了产品造假、作假的风险，消费者发现产品的质量问题后可以反馈到生产厂，如果不能保证质量，势必会影响企业的商誉，造成的损失不可估量。"万村千乡"工程的连锁经营进入乡村后，村民可以就近购买品种丰富的商品，从商品质量来看，传统的流通业态"夫妻店"、代销点、流动商贩等是主要的消费方式，由于监管漏洞，大量假冒伪劣产品充斥着市场。"万村千乡"工程的实施，以统一采购、统一配送、统一培训、统一服务、统一价格和统一经营方式，保证了农民消费商品的质量，使广大农民免受假冒伪劣商品的侵害。

产品的品质和技术创新是企业在竞争中取得领先地位的一个根本，在大多数产品走向技术普及化、价格透明化的今天，如何提升产品的性价比来摆脱同质化的竞争，是每个企业都在考虑的问题。通过流通领域的创新，塑造品牌是提升产品的附加值一个最为有效的方法。每个品牌的产生都带有时代的烙印，无论是 LOGO、SLOGAN，还是色彩等都是时代的产物。品牌的首要功能在于可以方便消费者进行产品选择，缩短消费者购买过程。其次是增值功能，品牌作为无形资产，其本身可以作为商品被买卖，在市场交流能为企业带来巨大的经济效益。再次是促销功能，由于品牌是产品品质、特色、档次的象征，是产品的牌子，容易吸引消费者，实现扩大消费的目的。最后是保护企业和消费者功能。

品牌的塑造的主要途径是知名度的建设，而流通创新促进了品牌知名度的建设，公司、专卖店、旗舰店、体验馆等网店的建设都有固定的场所，而且基本上是较为繁华的地段，容易被大家看到、感受到，甚至进店接受体验、讲解，以及看到产品示范等活动。安踏、阿迪达斯、李宁等专卖店星罗棋布，以数量取胜，受众更多、更广泛。当这些网店数量足够多、分布足够广的时候，知名度自然会大大提高。

（3）流通创新对消费影响的定量分析

随着社会经济的发展和居民消费需求的扩大，中国社会销售品零售总额从 2007 年的 93571.6 亿元增加到 2018 年的 380986.9 亿元，处于历史高位。2016 年最终消费支出对国内生产总值增长贡献率达到 66.5%，对国内生产总值拉动 4.5 个百分点，2017 年最终消费支出对国内生产总值增长贡献率降低到 57.6%，最终消费支出对国内生产总值拉动 3.9 个百分点，

2018 年最终消费对国内生产总值增长贡献巨大，贡献率达到
76.2%，拉动国内生产总值增长 5 个百分点。2007 年最终消费
支出对国内生产总值的贡献率仅为 45.3%，这显示出中国消费
品市场强劲的需求成长能力。

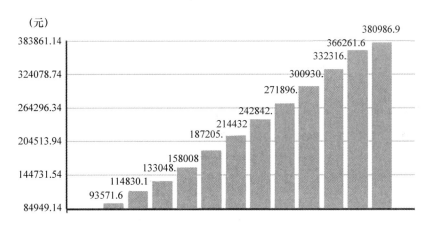

图 3.2　2007—2019 年中国社会消费品零售总额

数据来源：国家统计局。

　　2007 年中国限额以上批发零售企业数为 55737 个，从业人
数为 604.9 万人，商品销售额为 13.27 万亿元。到 2017 年年底，
中国限额以上批发和零售业的企业数达到 200170 个，从业人员
1183.8 万人，商品零售额达到 57.23 万亿元。由此可见，无论
是流通能力、从业人员、流通规模，还是流通对国民经济的贡
献，中国流通体系不断壮大，成为国民经济的重要产业。国内
市场规模的扩大和最终消费贡献率的提高充分体现了流通创新
在衔接产销、刺激消费、促进经济增长方面发挥越来越重要的
作用。

表 3.2　　　　　　中国限额以上批发和零售企业基本情况

指标	2017 年	2015 年	2013 年	2011 年	2009 年	2007 年
批发和零售业法人企业单位数（个）	200170	183077	171973	125223	95468	55737

续表

指标	2017 年	2015 年	2013 年	2011 年	2009 年	2007 年
批发和零售业年末从业人数（人）	11838000	11736000	11396000	9011000	7490000	6049000
批发和零售业商品购进额（亿元）	572287.8	468071.7	451265.1	328160.3	179202.9	128912.5
批发和零售业进口额（亿元）	43743.8	33943.6	37358.7	27230.6	13308	8871.7
批发和零售业商品销售额（亿元）	630181.3	515567.5	496603.8	360525.9	201166.2	132740.8
批发和零售业出口额（亿元）	23617.1	22719.5	22452.6	17795	11174.1	11154.4
批发和零售业期末商品库存额（亿元）	43397	36591.7	32422	24979.3	16024	9193.2

数据来源：国家统计局。

在中国流通体制改革不断推进的过程中，流通模式不断创新，批发市场、零售市场逐渐形成，满足了消费者的需求。2017 年中国亿元以上的商品交易市场数量为 4617 个，摊位数达到 3347936 个，营业面积为 29691.77 万平方米，成交额为 108247.59 亿元，其中批发市场 93996.85 亿元，零售市场 14250.74 亿元。品牌直营店、网上销售、直销中心、微博营销、手机营销、体验店等多种零售业态得到快速发展。

为满足消费者需求，中国零售业态出现了以连锁经营为代表的流通组织创新。中国连锁零售企业销售规模由 2009 年的 31236.22 亿元到 2017 年的 48257.34 亿元，十年间持续高速增长。从连锁零售企业的规模来看，专业店、加油站、大型超市商品销售额所占比重较高，从增速来看，便利店、专卖店、厂家直销中心销售额增速较快。高端超市、便利店、专卖店、购物中心成为新的亮点。连锁经营普遍以改善消费者体验为出发点，以商品管理和供应链管理为重点，真正实现了由外延向内涵的转变。

表 3.3　　　　　　　　中国连锁零售企业基本情况

指标	2017 年	2015 年	2013 年	2011 年	2009 年	2007 年
便利店商品销售额（亿元）	482.89	387.23	311.3	225.98	269.83	231.7
折扣店商品销售额（亿元）	26.68	31.45	32.92	47.63	37.17	27.26
超市商品销售额（亿元）	3520.31	3118.14	2889.21	3398.22	2569.52	1919.47
大型超市商品销售额（亿元）	4415.07	4962.92	4734.15	2594.54	2443.55	1871.66
仓储会员店商品销售额（亿元）	230.46	250.3	234.64	795.68	142.53	138.97
百货店商品销售额（亿元）	3778.03	3841.57	3703.97	3226.82	2498.25	1625.37
专业店商品销售额（亿元）	20392.78	20520.99	22492.8	22919.28	13373.94	10106.53
加油站商品销售额（亿元）	12628.28	13313.94	14791.7	15742.61	8996.21	6830.63
专卖店商品销售额（亿元）	2152.65	1739.7	1582.7	1031.01	697.31	884.51
家居建材商店商品销售额（亿元）	46.46	46.92	51.64	64.67	63.35	79.75
厂家直销中心商品销售额（亿元）	57.58	17.69	11.13	2.92	1.52	11.51
其他业态连锁零售企业商品销售额（亿元）	526.15	483.49	1962.42	203.95	143.03	34.75

数据来源：国家统计局。

流通技术的创新尤其是计算机技术、网络技术和通信技术，商品交易的电子化、数字化和网络化为消费市场注入了新的活力。B2B 兴起于 2000 年前后，以信息交互为主，主要解决企业获取供求信息的途径和及时性问题，当时阿里巴巴、环球资源、慧聪网、中国制造网、中国化工网等综合型和垂直型 B2B 平台大量兴起。2014 年，随着大数据、云计算、物联网等技术的不断应用，以交易服务、数据服务、金融服务、物流服务为主要功能的 B2B 2.0 阶段来临，并于 2015 年进入高速发展期。网经社国内知名电商智库电子商务中心研究数据显示，2018 年中国 B2B 电子商务市场交易规模达到 22.5 万亿元，同比增长 9.7%。电子商务新型的流通业态和服务理念，在流通技术创新的支持下，为消费者提供了便捷、新颖、丰富的体验，有利于刺激消费需求，提升消费品质。

2. 流通创新对生产的影响

（1）流通创新对生产的影响

流通与物质高度相关，与物质生产十分接近，是整个社会经济活动中的重要中间体，流通为物质生产提供流通服务，使物质生产得到很好的满足。在市场经济条件下，生产决定流通，同时流通也影响生产。工农业能否顺利发展，在很大程度上取决于流通通畅程度。大生产要求大市场、大流通的支持，工业品主要在城市生产，但在满足城镇生产和居民生活的需求同时，更要流行农村，农产品的生产主要在农村，但需要流行城镇，满足城镇的生产和居民生活需求。只有实现了工业品和农产品的流通，工业品和农产品的价值和使用价值才能得以实现，生产者才能收回成本，获得利润，继续生产。所以，实施供给侧改革，就要充分发挥流通创新的重要作用，降低流通成本，提高流通效率，加速工业品和农产品在城乡间、区域间的流通，缩短生产与消费的时空距离，从而优化供给结构，优化资源配置。

首先，流通创新可以增加有效供给，优化供给结构，实现生产流通一体化。以消费者需求为导向，以创造性供给为动力的流通创新可以增加商品种类，提高商品质量，打造商品品牌。流通创新可以从供给和需求两侧发力，提高消费品的有效供给，满足老百姓消费升级的需求，实现消费品工业持续健康稳定发展。比如批发为主导＋农业生产资料经营用户自愿加盟的模式突破了农业生产资料流通单一分销渠道的限制，是中国农业生产资料分销渠道方面的创新，这一网络体系结构简单、流通环节少，所以成本低，效率高。再如农超对接的流通组织创新将农户和市场直接联系起来，减少了流通环节，降低了流通成本，保证了农产品的质量，使得农户、超市和消费者都得到了实惠。

其次，流通创新可以降低流通成本。统一高效的智慧物流，可以缩短运输时间，精简流程手续，提升流通效率，而物流体系具有显著的外部性，当物流的规模效应出现时，物流成本会显著降低。作为供应链的中间环节，流通业与上游生产制造商和下游终端市场零售业联系十分密切，供应链整合方面的创新可以显著发挥先导作用，降低交易成本。从微笑价值曲线理论可以得知，整条供应链上制造商处于价值链的底端，附加值空间较小，而流通是附加值较高的环节，在配送、结算、运输、发货等一系列流程上采用信息化管理，发挥流通技术创新的先导功能，可以降低企业的经营成本。

再次，流通创新可以提高流通效率。传统的流通模式物流环节存在重复运输、信息流动信号失真等问题，造成流通效率较低。流通技术创新、流通模式创新等可以使各类信号传递呈现出完善的全新形式。供应链整合后，各类信息的收集、储存、处理与发送等功能，均由集成中心承担，各流通环节可与集成中心联系，集成中心及时与生产制造商共享信息，提高了配送和信息处理能力。流通技术的创新，尤其是信息技术在流通业领域内的应用，有效提升了流通效率，使流通供应链各环节间的信息实时分享，推动流通资源重组。通过信息技术可以重组物流模式，在信息系统的统一指导下，确认最佳的商品输送路线，以最低型消耗、成本、速度完成产品运输。

最后，流通创新可以及时弥补流通业的发展短板，有利于要素市场化水平的提高，从根源上纠正要素资源配置扭曲的现状。中国流通业的快速发展，与流通领域引入市场化机制密切相关。新时期，流通技术的创新、流通模式的创新、流通组织的创新等可以使流通业成为经济转型发展的新引擎，成为优化资源配置的新动力。例如，跨境电子商务作为一种新型的流通业态，新型的贸易方式，具有诸多优势，可以实现产品终端互联、快速满足客户需求，更重要的是可以实现产业全球价值链的突围，在全球范围内实现资源的优化配置。

（2）流通创新对商贸再生产的影响

流通创新在推动商贸再生产的发展过程中，比较典型的方式有三种：第一，推动零售商向终端控制转变，形成零售商主导的供应链。随着零售商的不断增加，零售商市场集中度越来越高，沃尔玛、家乐福等大型零售商已经成为人们观念中的一种品牌。通过对销售终端的控制，大型零售商在与生产商谈判中处于优势地位，不仅能影响产品的规格和设计，而且可以与生产商联系委托其生产自由品牌，消费者的个性化需求在规模经济和范围经济日益发展的形势下可以得到更好地满足。著名的"圣米高"就是马狮的自创品牌，而马狮销售商品总量的十分之八为自创品牌，成就了马狮庞大的"无工厂根基制造商"之路。所以，制造商在和零售商合作的过程中，不断跟随零售商的战略规划，同时激烈的竞争还促使其加强自身管理技巧和水平，条形码的应用就是沃尔玛的强制要求下逐渐在制造业中普及的。

第二，流通创新促使各厂商在供应链上形成产销动态联盟。随着最终消费者需求的提高以及供应链整合的需要，流通组织中各环节通过全方位的整合形成优势互补、资源共享、风险共担的供应链动态联盟。当然，这种联盟的形成离不开流通技术的创新，也离不开消费者需求的推动。供应链上的流通企业与商贸再生产企业不仅可以共享信息，而且可以共享基础设施。通过这一联盟，流通企业可参与产品的设计，保证规模经济的实现，降低市场风险，与商贸再生产企业维持长期稳定的关系。商贸再生产企业在信息技术的支持下，可以得到流通企业反馈的消费者信息，一定程度上可指导商贸再生产活动。

第三，流通企业立足实际需要，有机结合运输、包装、配送等功能，使供应链上的其他专业化厂商对自身不具优势的环节进行外包运作，降低企业的运营成本，供应链的效率和整个流通过程中的质量和速度均有提高。中国台湾地区宏基公司便是外包的典型，系统之前本来在台湾地区生产，通过外包业务流程后将系统生产转给了海外事业部，台湾企业开始生产关键零部件，而非关键零部件的生产通过外包交给了市场所在地厂商，其组装活动也在市场所在地往常并投向市场。这种模式推出后，宏基去库存时间与资金周转速度相对传统流通模式提前了一个月，更快地满足了消费者需求。日本依靠社会化的专业配送的连锁企业约占30%，中国业务流程外包发展还处于初期，具有巨大的发展空间。

（3）流通创新对生产影响的定量分析

流通业作为国民经济的重要产业，其发展水平与经济增长密切相关，包括批发业、零售业、餐饮、住宿、仓储、交通运输以及邮政业等。从流通业增加值的变动趋势来看，改革开放以后，中国流通业增长规模增长迅速，从1978年的468.9亿元增加至2018年的140774亿元，可以发现，流通业增长与GDP的增长大致接近，都经历了高速增长到中速适度增长的过程。

根据以往的研究成果，采用贡献率作为衡量流通产业对经济增长的贡献，其中流通业贡献率 = 流通业当年增量/GDP当年增量×100%。据此我们可以计算出1982—2018年流通业对经济增长的贡献。

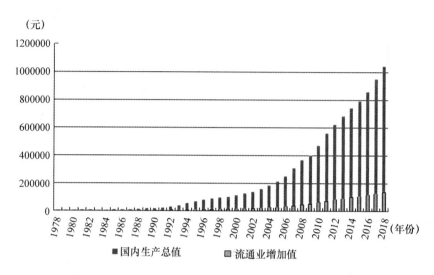

图 3.3　1978—2018 年中国国内生产总值和流通业增加值

数据来源：国家统计局。

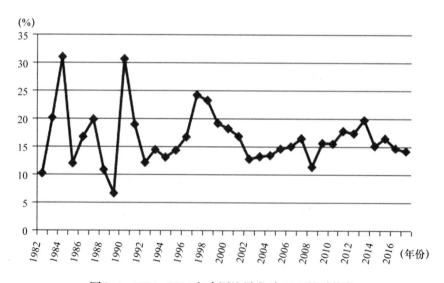

图 3.4　1986—2016 年中国流通业对 GDP 的贡献率

数据来源：国家统计局。

20 世纪 80 年代至今，中国流通业经历了巨大变化，对经济增长的贡献基本上都在 10% 以上。1992—1998 年流通业对经济增长的贡献逐步攀升，在 1998 年达到 24%，这与中国建设社会主义市场经济体制有关，伴随社会主义市场经济体制的建设，流通体制改革，个人、集体、外资逐渐进入流通业，突破了原有的国有流通企业垄断的局面，国有企业也实行了改革，由此带来了流通业的增长。1998—2004 年流通业对经济增长的贡献有所下降，但是其总量是在不断增加，这是由于受东南亚金融危机的影响，中国采取了积极的财政政策和宽松的货币政策，经济增长主要靠基础设施建设投资来带动，流通业在此时对经济增长的贡献率略有下降。2004 年以后，流通业对经济增长的贡献整体上呈现攀升的趋势，这是由于市场经济的完善，经济形势的转好，工业中的上下游的配送协调需要高效的流通业，而此时流通技术不断创新，供应链的整合，流通业态的创新层出不穷，尤其是电子商务、新零售的出现，流通业不断与制造业、农业以及其他服务业融合，为经济增长注入了新的活力，在 2012—2013 年对经济增长的贡献分别达到 20.4% 和 20.1%。近年来，流通业对经济增长的贡献率维持在 15% 左右。所以，流通业的良好发展，对经济的健康稳定的发展具有举足轻重的作用。

为了更加深入分析流通创新对生产的影响，我们通过流通业对其他产业的完全消耗系数来分析流通业对生产的具体影响。从批发零售业投入产出完全消耗系数来看，2015 年批发零售业每生产 100 元产值，则完全消耗第二产业 50 元，第一产业 10 元，第三产业 48 元，这说明批发零售业的发展对第二产业的依赖程度较高，其次是第三产业，批发零售业对三次产业的完全消耗关系，反映了批发零售业发展对上游产业的波及拉动关系。由于流通技术的发展，供应链的整合，零售业态的创新，信息技术在物流业中的应用，所以在分析仓储、运输、邮政的完全消耗系数时加入了信息传输和计算机服务部门，从结果来看，2015 年该行业每生产 100 元产品，则消耗第一产业 5 元，第二产业 99 元，第三产业 67 元，可以看出其对第二产业依赖程度最高，其次是第三产业，再次是第一产业，也就是说流通业中的仓储、运输、邮政发展会对第二产业产生巨大的拉动作用，对第三产业的带动作用也在不断增强。由此看来，仓储、运输、邮政、信息运输和计算机服务部门与第三产业的其他部门不断融合，有力地促进了生产的发展。

表 3.4　　　　　　　　　　　流通业完全消耗系数

指标	批发零售投入产出完全消耗系数			仓储、运输、邮政、信息传输和计算机服务部门投入产出完全消耗系数		
	2010 年	2012 年	2015 年	2010 年	2012 年	2015 年
第一产业	0.14	0.10	0.10	0.06	0.05	0.05
第二产业	0.64	0.49	0.50	1.24	1.09	0.99
第三产业	0.32	0.38	0.48	0.44	0.58	0.67

数据来源：国家统计局。

从以上分析可以判断，流通业的创新发展对第二、第三产业有较强的依赖性，对第二、第三产业经济各部门有较强的带动作用。随着经济的发展，尤其是流通业的不断创新发展，流通业的需求将逐步扩大，农业对流通业的需求也将不断增加，流通业的发展空间将得到进一步拓展。

3. 流通创新对贸易的影响

当今社会是开放的社会，市场经济、自由贸易和全球性社会化大生产、大商业、大经济已经成为这个时代发展的主流，世界各国间人员和物资交往日益频繁，一个国家或企业的经济发展越来越依赖于国际的分工与合作。大数据、物联网、云计算、人工智能等新一代信息技术的快速发展和应用，促使国内市场与国外市场深度接轨，流通创新有力促进了贸易方式的转变。

第一，流通技术创新有力促进了中国贸易方式的转变。流通技术创新通过促进产业结构升级，带动贸易结构优化，进而推动贸易增长方式转变。流通技术创新对贸易的直接影响在于产业结构升级，在带动产业结构的变迁过程中，分解原有的产业部门，形成新的产业部门。在新兴部门产生时，新技术对传统部门进行改造，通过新兴部门的创建和传统部门的改造，促进产业内部各生产要素结构合理化，产品结构不断优化，提升了产品的国际竞争优势。1991 年中国开发出了一套用于海关监管、征税和统计业务的综合信息管理系统——"报关自动化系统"，一个以 UN/EDIFACT 为标准的国际商贸单证报文数据交换系统逐渐向商检、运输、银行、进出口管理等领域扩展。另外，流通技术创新在提高服务贸易比重的同时，对传统服务和新兴服务结构进行了调节，推动传统服务贸易和新兴服务贸易协同发展，优化了贸易结构。这不仅提高了企业的自主创新能力，而且提升了流通企业高科技产品的附加值。在国际生产网络中，流通技术的创新加快了流通企业外贸方式的转型，促使企业由靠低成本优势转变为依靠高科技的优势，由粗放外延型发展转变为集约内涵型发展，促进了贸易方式的转变。

第二，流通制度创新为贸易提供了环境支持。流通制度创新通过"正式约束"和"非正式约束"进行创新，从而规范市场运行。正式约束是以法律、政治规则及经济规则形式存在，通过市场资源配置，建立规范化市场秩序，为流通企业的运营确立一种范式，从而激发流通在需求拉动型经济中循环主导功能，促进贸易增长。另外，流通企业承担引导生产和消费的重要职责，在与国际市场接轨的过程中，中国流通制度借鉴发达国家的流通制度实行流通制度创新，提高企业现代化水平，促进对外贸易的增长。非正式约束使通过道德、文化和价值观念的正确引导，培养流通从业人员的个人文化素质、职业修养，提高工作效率。另外，政府发挥协调服务作用，畅通流通企业与工商、财政及贸易等部门的沟通，为贸易增长提供良好的市场制度环境。

第三，流通组织创新推动了中国贸易方式的转变。流通组织创新通过以下两种方式促进贸易方式的转变，其一，构建现代化信息平台与高效率的国际流通网络；其二，企业并购与产业融合。现代化流通信息化平台包括流通市场化平台、流通信息化平台以及流通国际化平台。流通市场化平台能有效地将粮食、石油等自然资源纳入市场进程中。流通信息化平台能对消费者的多样化需求做出反应，及时反馈，调整供需矛盾，进而促进贸易增长。流通国际化平台在进出口贸易中在于促进投资数量与质量的增长，对新型流通渠道进行拓展，促进贸易增长。依据价值链或供应链建立的高效率流通网络，对贸易环节的增长起到了重要作用。此外，并购及融合经营手段能促进流通产业不断壮大，提高市场集中度，在全球范围内促进生产要素的合理配置，降低交易成本，减少流通环节，推动贸易增长。流通业与三大产业的融合，会推动新兴贸易组织模式不断出现，流通领域不断创新，这必然会促进国际贸易及其增长方式的转变。

四　流通创新促进品质消费的
理论机制与现实途径

流通创新会对生产、消费两大领域产生影响，那么这种影响是如何与供给、需求两方面的品质消费发展条件相对接的呢？换句话说，品质消费是供求双方面作用的结果，那么在提升消费品质的供求连接过程中，有哪些瓶颈因素可以通过流通领域的创新来消除呢？这一部分将重点讨论上述问题，以期通过对理论机制和现实途径的综合分析，说明流通创新在促进品质消费方面的作用。

（一）　流通创新促进品质消费的需求侧机制

品质消费本身需要品质化需求与品质化供给两方面对接才能够实现，而流通创新能够在这种供求对接的过程中发挥促进作用。这里先考虑需求一侧的促进机制，即围绕消费者的流通创新能够产生的影响。

1. 优化信息职能

消费者要实现品质消费，就必须首先获知品质商品的信息。这种信息获取包含两个方面，一是消费者已经认为具有某些特质的商品或服务符合其"品质"要求，已经存在相应的消费需求，而需要寻找特定的商品或服务品种，以及可行的购买途径；

二是消费者并不了解现实中企业能够提供的商品或服务特性，而需要获取相应的信息帮助其形成"品质"消费要求，将能够满足其欲望的商品或服务特性具体化。

在流通创新纷繁多样的时代，流通企业完全能够帮助消费者以更短的时间、更少的成本和更加准确的方式获取上述两方面信息。例如，基于专门特性筛选品质商品，已经成为消费者线上渠道购买活动的常用方式。表 4.1 列示了京东、天猫两大电商中部分家用电器和数码产品的特性筛选维度。可以看到，每一类产品都有许多个维度的特性可供消费者筛选。了解商品常识，或具有购买经历的顾客，可以直接根据自己的要求选择相应的选项。例如，原先购买了全高清分辨率电视机的顾客，可以进一步挑选 4K 乃至 8K 高清的电视机；不满于现有空调风门直吹的消费者，可以筛选具有防直吹功能的产品等。不了解商品特性、缺乏专业知识的消费者，也可以通过筛选功能中给出的选项，进一步了解相应特性背后的含义和价值。以此为基础，消费者可以评估自身使用场景与这些特性选项之间的关系，直至找到符合其品质消费定义的中意商品。

表 4.1　　　　　　　　电商平台提供的产品特性筛选功能

产品	维度	内容
1. 京东		
电视机	价格	25000 元以上、15000—24999 元、10000—14999 元、8000—9999 元、6000—7999 元、4000—5999 元、2000—3999 元、0—2000 元
	屏幕尺寸	78 英寸及以上、70—75 英寸、65 英寸、58—60 英寸、55 英寸、48—50 英寸、39—45 英寸、32 英寸及以下、多选
	电视类型	OLED、全面屏、人工智能、大屏、超薄、曲面、4K 超清、量子点、激光电视、商业显示、多选
	分辨率	8K 超高清（7680×4320）、4K 超高清（3840×2160）、全高清（1920×1080）、高清（1366×768）

续表

产品	维度	内容
1. 京东		
电视机	观看距离	3.5 米以上（70 英寸以上）、3 米—3.5 米（56—65 英寸）、2.5 米—3 米（46—55 英寸）、2 米—2.5 米（33—45 英寸）、2 米以下（≤32 英寸）
	能效等级	1 级、2 级、3 级、政府节能
	品牌类型	合资品牌、国产品牌、互联网品牌、商业显示品牌
空调	价格	0—2000 元、2001—2999 元、3000—3999 元、4000—4999 元、5000—5999 元、6000—7999 元、8000—9999 元、10000—11999 元、12000 元以上
	空调类别	壁挂式空调、立柜式空调
	使用场景	客厅、主卧、次卧、书房/儿童房
	商品匹数	1 匹（15 平方米以下）、1.5 匹（15—25 平方米）、2 匹（20—30 平方米）、2.5 匹（25—35 平方米）、3 匹（30—40 平方米）、5 匹及以上（40 平方米以上）
	品牌类型	合资品牌、国产品牌
	能效等级	1 级、2 级、3 级
	产品特色	圆柱式空调、智能空调、静音空调、无风感、防直吹、易拆洗、自动清洁、独立除湿
	变频/定频	变频、定频
	冷暖类型	冷暖空调、单冷空调
手机	价格	0—499 元、500—999 元、1000—1699 元、1700—2799 元、2800—4499 元、4500—11999 元、12000 元以上
	系统	安卓（Android）、苹果（IOS）、基础功能机系统、小众系统
	屏幕尺寸	5.6 英寸及以上、5.5—5.1 英寸、5.0—4.6 英寸、4.5—3.1 英寸、3.0 英寸及以下
	热点	人脸识别、快速充电、人工智能、屏下指纹、无线充电、液冷散热、三防手机、多选
	CPU 核数	十核、八核、双四核、四核、双核、单核、功能机、其他
	机身颜色	黑色系、灰色系、红色系、橙色系、绿色系、白色系、紫色系、粉色系、金色系、银色系、浅蓝色系、深蓝色系、更多、多选

续表

产品	维度	内容
1. 京东		
手机	分辨率	超清 FHD 以上、全高清 FHD、高清 HD、标清 SD、其他
	网络制式	2G 移动/联通、2G 电信、2G 移动/联通/电信、4G LTE 移动 LTE-TDD、4G、LTE LTE-TDD/LTE-FDD 移动联通双 4G、4G LTE 全网通
	机身内存	512GB、256G、B128GB、64GB、32GB、16GB、8GB、8GB 以下、支持内存卡
	运行内存	8GB、6GB、4GB、3GB、2GB、2GB 以下
	电池容量	1200mAh 以下、1200mAh—1999mAh、2000mAh—2999mAh、3000mAh—3999mAh、4000mAh—5999mAh、6000mAh 及以上
	前置摄像头像素	2000 万及以上、1600 万—1999 万、800 万—1599 万、500 万—799 万、200 万—499 万、120 万—199 万、120 万以下、无
	拍照特点	光学变焦、后置双摄像头、前置闪光灯、智能拍照、前置双摄像头
	后置摄像头像素	2000 万及以上、1200 万—1999 万、500 万—1199 万、500 万以下、无
	机身厚度	超薄（7 毫米以下）、薄（7 毫米—8.5 毫米）、普通（8.5 毫米以上）
	屏幕配置	OLED 屏、曲面屏、防蓝光、3D 屏、符合全面屏比例、异形屏
	老人机配置	翻盖、键盘、智能机（老龄模式）、远程协助、体温计硬件支持
	游戏配置	游戏模式、ID 差异化设计、游戏音效增强、游戏显示增强、游戏深度适配/调优
	处理器品牌	NVIDIA、英特尔、三星、联发科（MTK）、海思、展讯、小米、高通骁龙
	多卡支持	单卡单待、双卡双待单 4G、双卡双待双 4G、4G 以下网络双卡双待
	4G LTE 网络特性	移动 4G＋、VOLTE 4G 通话、CA 载波聚合、MIMO 多天线技术、其他

续表

产品	维度	内容
2. 天猫		
电视机	屏幕尺寸	52—55 英寸、32 英寸以下、65 英寸以上、42—48 英寸、55—60 英寸、48—52 英寸、32—42 英寸、60—65 英寸
	最高分辨率	3840×2160、1920×1080、1366×768、1024×768、7680×4320、1280×1080
	操作系统	安卓、阿里 YunOS、Linux、无操作系统、风 UI、爱奇艺
	最佳观看距离	2 米（含）—2.4 米（含）、3.5 米（含）—4 米（不含）
	网络连接方式	全部支持、无线连接、有线连接、不支持
	电视类型	LED 电视（主流之选）、LCD 电视（价格低廉）、HDR、全面屏、OLED 电视、量子点电视、QLED 电视、VR 电视
	能效等级	无、一级、三级、二级
	3D 类型	偏光式 3D（电影院效果）、主动快门式 3D（立体效果出色）、无
空调	空调种类	壁挂式、柜机、移动空调、家用中央空调
	能效等级	五级、四级、三级、二级、一级、无
	工作方式	定速、变频
	空调冷暖方式	冷暖电辅、冷暖型、单冷型
	保修期	6 年、36 个月、5 年、24 个月、12 个月
洗衣机	洗衣机类型	波轮洗衣机、滚筒洗衣机、洗烘一体机、双缸洗衣机、迷你洗衣机、单缸洗衣机、单脱水机、分区洗洗衣机
	洗涤公斤量	10 千克以上、9—10 千克、8—9 千克、7—8 千克、15 千克、14 千克、6—7 千克、13 千克
	使用方式	全自动、半自动
	箱体材质	镀锌钢板、金属、渗锌钢板、塑料、PCM 钢板、钢板、彩钢、铝塑
	洗衣程序	快洗、标准洗、筒自洁、筒干燥、常用/浸泡洗/洗涤/脱水/漂洗、浸泡洗、羊毛洗、强力洗

注：限于篇幅，未列出品牌维度的选项。资料来源于相应电商平台官方网站，获取时间为 2019 年 11 月。

　　流通企业基于信息化的商品管理，是为消费者提供便利化信息获取途径而进行的创新。在传统的家电销售卖场中，顾客主要通过与导购员交流获知相关产品的信息。导购员对门店内产品的了解，以及对商品特性、制造原理和使用体验的知识掌握程度，决定了顾客最多能够获得的信息量。在这一过程中，信息传递的质量还会受到多种不可控因素的影响，如导购员的工作状态、消费者的交流能力和交流意愿等。经过流通创新，原先杂乱的商品型号和功能信息按照规范乃至统一的维度实现编码，继而得以结构化。将原先充满不确定性和冗余信息的对话交流过程转变为以结构化数据库为支撑的信息查询、反馈和呈现过程，是提高消费者获取效率、提升内容质量的技术路径。

2. 引领消费活动

　　流通创新可以使流通企业能够更加主动地向顾客传递消费信息、传播消费理念，促使消费活动实现品质化升级。经典营销学理论认为，企业应当以顾客的需求为出发点，为实现顾客价值而开展一系列经营活动。在流通形式创新日益活跃的背景下，企业还能够在创造消费需求、挖掘消费潜力方面实现突破。

　　零售创新极大地拓展了顾客在实施购买之前全面体验商品与服务的可能，从而促进购买兴趣向购买行为转变。例如，将AR、VR等现代技术应用于零售领域，可以使消费者在任何环境下更为真切地感受商品在实际使用场景下的状态。通过这些技术手段，顾客可以在不真正换装的情况下进行服装试穿，在店面感受家具家电在家中摆布的效果。对于具有场景式消费特点的新产品而言，预先消费体验的作用尤为突出。通常而言，消费者对于不熟悉的商品或服务，会经历由初步感知到产生兴趣，继而评价、尝试，最后购买的过程。在其中任何一个阶段，如果消费者对产品的功能或属性存在不理解或不满意，都有可能终止新产品的购买活动。对于很多新产品而言，让顾客在特定的消费场景下感知其真实的功能，形成具有实质意义的体验经历，就成为零售创新的重要目标。在这一方面，零售企业采用技术创新与模式创新相结合的方式，可以将线上推送、试用评价和可能的逆向物流等环节紧密联系一起，在有效控制成本的前提下实现更为精准的试用促销。

流通企业的经营理念已经由过去单纯的"卖产品"转向"既卖产品、又卖服务"，并逐渐将满足消费者更高层次需求与引导顾客购买行为紧密融合一起。消费者在购买商品本身的时候，也会将个人的发展、社交乃至自我实现需求融入其过程之中，这就为流通企业引领消费品质理念创造了条件。一般而言，消费者的购买行为会受到其所处群体和期望群体的显著影响。流通企业的客户群体本身是一个具有网络性的潜在社群，可以通过经营创新将其现实化。较为基本的，大量电商或全渠道零售企业在为顾客提供商品评价或用户答疑功能的同时，也为其展示消费场景、消费理念提供了条件。更为直接地，流通企业也开始大量地植入影视作品，邀请网红、明星代言来带动销售。① 也有流通企业选择与社交网站合作，共同构建引流获客、多场景服务的经营体系。② 在互联网媒体快速传播的背景下，各个地区、不同阶层的人们都能够同步地了解消费动向的变化，继而体现在其自身的购买活动中。

3. 满足细分市场

市场细分与品质消费之间有着密切的关系。一方面，一个充分发展的市场应当是高度细分的，在这样的市场中，企业会

---

① 例如，全渠道零食品牌零售商"良品铺子"就在《烈火如歌》等影视剧中植入了其经典产品推介。

② 例如，红星美凯龙与腾讯在 2018 年 10 月底宣布建立全面战略合作伙伴关系，共同搭建加剧智慧营销平台（Intelligent Marketing Platform）。

在商品或服务的品质、价位、特性、功能等多个方面采取差异化策略，从而使消费者能够有充分的选择空间来进行比较和辨识。另一方面，在地区间、城乡间发展存在不平衡的情况下，不同消费者追求品质消费的过程本身是不均衡的，这就对流通环节提出了细分目标客户群体，甚至"因人而异"满足多层次品质消费欲望的要求。在这一方面，基于顾客行为分析的商品推荐技术发挥了重要作用。大型电商或零售企业根据其会员过去的消费习惯，特别是关于商品价值感知力、价格敏感度以及消费价值观的分析，有针对性地推送可能具有潜在需求的商品或服务给顾客，能够主动帮助顾客发现适合自身的消费内容。随着线上流通领域市场竞争的日趋激烈，电商对目标客户群体的差异化经营不断深入。直接地，依托社交圈推出的"拼团""砍价"，通过让利促销的形式将线上消费形式快速地推广至农村地区，促进这部分地区人群的消费习惯发生改变，实现了农村消费电商市场的突破。

4. 提升物流能力

解决生产与消费之间的空间与时间矛盾，是流通活动的基本职能。这一方面的流通创新，能够有效提高品质商品或服务的配达能力。从消费实施过程上看，顾客产生消费欲望并获知相应商品或服务的信息之后，需要结合自身的收入水平判断能否为之支付必要的成本。这种成本不仅包括购买商品或服务本身的支出，还包括由生产场所到消费者所在地的物流成本、信息成本、时间成本等各个方面。现实中，流通企业可能在经营过程中为消费者预先垫付了一部分流通成本，但最终也会在零售价格中转嫁给购买者。围绕流通成本的流通创新，其实质就是在市场竞争的过程中，不断驱动流通企业压缩流通成本来扩大盈利空间；而在社会平均流通技术水平提升的过程中，竞争又会促使流通企业不断降低为消费者提供的最终商品或服务的价格。在宏观层面，表现为流通创新降低了流通费用，继而转化为消费者能够获得的实惠。

在这一过程中，消费者购买选择的可行性将不断扩大。现实中，部分欠发达地区存在零售网点稀少与物流成本高昂等问题，当地居民购物常常面临价格高、质量差等突出问题。随着流通创新的不断深入，配送成本不断降低、运输时效不断提升，零售终端触达这部分消费者的可能性明显增加。特别是移动互联网技术的发展，摆脱了自然因素对有线网络布局的限制。在西部或农村欠发达地区投入移动互联网基站建设，使用户在不安装有线宽带、不购买个人计算机的情况下，通过收集终端接入互联网，从而大大降低了网络购物的进入门槛。流通企业通过建设智能仓库，充分运用基于条形码、RFID 和智能计算技术来实现自动化补货、分拣和配送管理，能够大大提高库存吞吐效率，减少商品在物流环节的停留时间，延长货架寿命。由此，过于由于交通不便或运输条件有限而无法购买品质商品的现象得到了很大的改观。

5. 小结

流通环节能够凭借其直接接触消费者的优势，通过技术创新、模式创新来促进品质消费。其核心机制至少体现在以下几个方面：第一，为消费者提供更多接触品质商品或服务的机会，扩大其选择的可能集；第二，为消费者提供更为真实的场景式体验，推动购买兴趣转变为购买行为；第三，满足细分市场或个性化市场的品质消费需求；第四，降低消费者实现品质消费的门槛，包括降低获取品质消费信息的成本，降低商品从生产到消费的物流成本等。流通企业通过自身的经营活动，以及相互之间乃至行业间跨界的战略合作，是上述机制得以成为现实的微观基础。

（二） 流通创新促进品质消费的供给侧机制

流通环节的创新活动还能够促进一个地区中间商品和最终商品的跨地区流动，提升生产环节的竞争水平和供给能力，在供给侧优化产品提升质量的过程中推动品质消费的实现。这一部分将主要围绕实物商品跨地区流动带来的效果，对流通创新促进品质消费的供给侧机制加以具体考察。

1. 影响机制

深入的流通创新，能够通过专业化运作实现物流、商流的管理优化，降低最终商品和中间品在跨地区流转过程中的"冰山成本"。直观地，企业将商品销往外地，往往面临更大的风险。远距离之间信息传递时间慢且容易失真，外地市场与本地市场之间的差异等因素，都是导致这种风险的原因。而居于生产与消费直接的流通环节，是化解上述风险的有效主体。流通领域广泛使用的电子化信息交换技术，使远距离地区之间、不同行业机构之间准确及时的信息传递成为现实；而流通企业基于大数据客户信息的数据挖掘，能够帮助制造商在进入新市场的过程中针对当地顾客的消费习惯设计更为合适的商品。

流通创新促进了商品跨地区的自由流动，其实质是将企业市场竞争的范围由本地扩展到外地。继而，这种竞争效应将对企业产生提高生产效率、增强自身竞争实力的要求。Melitz（2003）的"自我选择假说"为分析制造企业的出口与内销行为提供了理论框架。封闭经济条件下企业主要服务于本地市场；当转向开放经济时，由于通常情况下国内开展贸易活动的成本小于将商品出口国外贸易成本，效率高的企业能够从事贸易成本较高的出口生产，效率较低的企业适应在国内市场上的生产与销售，而效率最差的企业只能退出市场。类比国际情形下的成本对比关系，当本地销售成本低于外销成本时，企业总是更容易为当地市场服务。但与国际情形相比，商品在一个国家内部跨地区流动的制度成本更低，因而市场整合度更高。本地高效率企业生产的产品进入外地市场，会与外地的本地企业形成竞争，而本地企业也会受到外地企业的竞争。因此，任何一个地区中，本地低效率企业的生存空间都会受到挤占。所以，如果一个地区在竞争均衡状态下仍然有大量商品流向外地，则说明当地企业的生产效率应当处于较高水平。毋庸置疑，这些企业在将商品销往外地的同时，也必然为当地居民提供了高品质商品。并且，由于本地流通成本更低，这些高品质商品的价格应当比销往外地商品的最终价格更低，从而当地居民对相应商品的消费意愿应当更强。继而，在其他条件相同的情况下，可以得出如下假设。

H_1：对于有大量商品流往外地的地区而言，相应商品在当地的消费水平应当较高。

在国内区域市场形成开放经济格局之后，地区间资源的优化配置将促进专业化分工水平的提升。当地生产要素和各种资源的禀赋条件，在很大程度上决定了一个地区的生产企业是否能够在竞争中获取优势，并且这种竞争同时包括了本地市场和外地市场。显然，如果本地企业生产的产品在品质、价格等方面无法与外地企业的产品相抗衡，那么这些企业就有可能在竞争过程中退出市场，相应的消费需求也将由外地企业来满足。由此，可以自然地得出如下假设。

H_2：外地商品流入对本地消费水平具有支撑作用。

流通创新的作用对象不仅在于最终产品，还在于中间品。在当前全球价值链分工生产模式下，"万国造"产品层出不穷，其背后是跨国公司基于价值链优化生产布局的结果。在一个国家之内，基于价值链的分工生产同样可以为企业带来竞争优势。随着流通创新的日益深入，流通企业向上游价值链内部渗透的现象日益明显。它们不仅可以将消费者对产品的各种评价、反馈或抱怨转变为引导生产商改进产品的建议，还可以直接通过专业化的供应链服务，帮助上游生产商实现采购流程、工厂选址、库存管理等方面的优化提升，推动"制造"向"智造"转型。与此同时，以流通驱动生产为特征的专业品牌零售商形态取得快速发展，从早期 ZARA、优衣库为代表的服装行业 SPA，拓展到日用杂货、零食等多个领域。[①] 其特点都是由拥有线上渠道或（和）线下实体门店的品牌零售商根据自身的经营定位和消费者洞察，提出产品设计方案并委托上游生产商加工生产，最终通过其自有渠道销售。可以看出，以跨区域采购和供应链技术为基础的生产环节优化，能够使企业的竞争优势来源突破其本地属性。而这一过程，必然伴随着大量原材料、零部件或半成品的跨地区流动，其背后的商流、物流和信息流主要将有专业的流通企业承担。换句话说，如果一个地区的企业要通过基于国内价值链的分工深化来提高生产效率，从而获取竞争优势并实现前述的高品质商品外销，就必然会对本地区的流通活动产生引致需求。由此，可以得出如下假设。

H_3：对于有大量商品流往外地的地区而言，相应行业对当地流通业的依赖度应当较高。

接下来本节将通过经验分析对上述影响机制进行实证检验。

2. 经验分析

（1）跨地区商品流动对居民消费的影响

首先构建计量模型考察地区间商品流动与居民消费水平间的关系，检验假设 H_1 与 H_2。直观地，因变量居民消费水平（Cnsm）可以用投入产出表"最终使用"部分中的"居民消费

---

① 例如，名创优品、网易优选等属于日用杂货领域的专业品牌零售商，三只松鼠、良品铺子等属于零食行业的专业品牌零售商。

支出"与当地年末人口常住数相除得到的人均消费支出来衡量。在计量检验中，还将对城镇居民、农村居民加以区分考察，相应指标的构建方式是类似的。就核心解释变量而言，由于各个地区本身之间存在市场规模上的差异，在衡量流入、流出规模时需要构建相对指标。这里以投入产出表为基础，采取流入额、流出额与当地总产出相比的方式。由于总产出反映的是中间使用、最终使用（含流出）扣除流入部分的结果，这样构建的指标可以体现流入、流出相对于当地市场的规模大小，具体计算公式如下（i 表示行业，k 表示地区，t 表示年份）：

$$Outflow = 流出额_{i,k,t}/总产出_{i,k,t}$$

$$Inflow = 流入额_{i,k,t}/总产出_{i,k,t}$$

由于消费水平与居民收入（$Income$）密切相关，这里需要加以控制。其中，城镇居民采用人均可支配收入指标，农村居民采用家庭人均纯收入指标，同时计算两者的平均值综合反映当地居民收入水平。

本报告从 2007 年、2012 年全国 31 个省份的投入产出表[①]及相应年份《中国统计年鉴》中获得了上述数据，原始数据描述统计结果如表 4.2 所示。为了更加细致地了解核心解释变量 Inflow、Outflow 的情况，这里还按各年人均 GDP 从低到高的分位顺序将所有省份分为四组[②]，分别进行了描述统计。可以看出，经济最发达地区的商品流出额占总产出比重明显高于其他地区；总体上，经济较为发达的地区外地商品流入额占比的平均值较小，但最发达地区的中位数出现了反转，这或许与发达地区部分产业向外地转移有关。同时，考虑到多数变量原始数据的标准差较大，本报告在计量分析之前均进行了对数化处理。此外，

---

① 投入产出表每 5 年编制一次，截至本报告写作时，2012 年投入产出表为最新版。

② 由于无法均分，实际每组包含省份 7—9 个。

本报告还加入了虚拟变量控制时间效应，并在回归过程中根据异方差检验结果判断是否采用需要稳健标准误来进行统计显著性推断。

表4.2　　　　描述统计：跨地区商品流动与居民消费水平回归模型

	变量	含义	细分样本		观测数	均值	中位数	最大值	最小值	标准差
因变量	*Cnsm*	居民消费水平	全体		998	328.555	100.232	5471.887	0.000	584.338
			农村		998	180.459	53.125	2668.620	0.000	347.581
			城镇		998	453.883	144.805	5805.546	0.000	748.513
解释变量	*Outflow*	流出额占比	全体		998	0.407	0.275	23.830	0.000	0.947
			人均GDP分组	1	257	0.310	0.244	2.188	0.000	0.271
				2	229	0.367	0.269	10.627	0.000	0.761
				3	265	0.307	0.235	1.579	0.000	0.290
				4	247	0.653	0.381	23.830	0.000	1.688
	Inflow	流入额占比	全体		998	9.713	0.371	4710.240	0.000	179.118
			人均GDP分组	1	257	32.915	0.456	4710.240	0.002	352.330
				2	229	2.389	0.389	90.921	0.000	7.957
				3	265	1.522	0.254	36.696	0.000	4.446
				4	247	1.150	0.379	28.373	0.000	2.881
	Income	居民收入水平	全体		60	12519.880	12157.2	28996.0	6170.6	5140.327
			农村		60	6598.788	6007.5	17803.7	2328.9	3396.517
			城镇		60	18440.970	18028.3	40188.3	10012.3	6989.407

注：Income变量只包含省份、时间两个维度。西藏2007年数据缺失。

回归结果如表4.3所示。控制变量收入水平（*Income*）显著为正，符合一般认识。商品流出（*Outflow*）对居民消费水平（*Cnsm*）的影响结果为正，验证了 H_1 的判断。这一结果主要体现在城镇居民当中，而对农村居民不显著。不难理解，城镇居民的消费水平更高，其消费内容更为广泛，同时更加注重商品品质，因而企业生产水平差异对其消费活动的影响表现得更为明显。进一步的分位数回归结果可以形成佐证。如表4.4所示，居民商品流出（*Outflow*）变量显著为正的结果主要出现在较高消费水平的阶层中。

表 4.3　　　　OLS 回归结果：跨地区商品流动与居民消费水平

Cnsm	(1)		(2)		(3)	
	全体		农村居民		城镇居民	
Outflow	0.0755 *	(0.0457)	0.0461	(0.0527)	0.1000 **	(0.0464)
Inflow	− 0.1559 ***	(0.0316)	− 0.2071 ***	(0.0386)	− 0.1372 ***	(0.0320)
Income	1.1557 ***	(0.2210)	0.5790 ***	(0.1795)	0.7734 ***	(0.2527)
常数项	− 6.3067 ***	(2.1529)	− 1.2587	(1.6339)	− 2.5254	(2.5557)
稳健标准误	是		是		是	
F	23.1891 ***		15.8194 ***		13.3845 ***	
Adj-R^2	0.0810		0.0627		0.0477	
R^2	0.0852		0.0670		0.0521	
N	884		880		881	

注：表中所有回归均控制了时间效应。***、**、* 分别表示 1%、5% 和 10% 的显著性水平。

流入变量（*Inflow*）的结果显著为负，这与 H_2 的判断并不一致。究其原因，外地商品流入存在多种驱动因素。如果因为经济发展水平较低，继而相应商品的生产能力较低，则一方面需要较多的外地货源流入来进行满足必要的消费，另一方面本地区居民对该商品的消费水平（*Cnsm*）也会较低。此时，消费水平（*Cnsm*）对流入变量（*Inflow*）的回归结果为负，实际上是经济发展水平所决定的生产能力主导了两者间的关系。而若是一个地区在经济发展过程中不断地进行产业升级，进而出现了部分产业向外地转移的现象，则相应商品在当地的消费水平应当较高，且主要依靠外地商品流入（*Inflow*）来满足。为了验证上述分析，本报告进一步对子样本进行了回归分析。先依照

表4.4　分位数回归结果：跨地区商品流动与居民消费水平

分位	(1)	(2)	(3)	(4)	(5)	(6)	(7)	(8)	(9)
	25	50	75	25	50	75	25	50	75
Cnsm	全体			农村居民			城镇居民		
Outflow	0.0360	0.1128**	0.1249**	0.0323	0.0599	0.0524	0.0896	0.1546***	0.1110*
	(0.0754)	(0.0498)	(0.0628)	(0.0862)	(0.0518)	(0.0564)	(0.0731)	(0.0549)	(0.0578)
Inflow	-0.1676***	-0.0984***	-0.1999***	-0.1958***	-0.1185***	-0.2237***	-0.1483***	-0.0817**	-0.2093***
	(0.0531)	(0.0351)	(0.0442)	(0.0611)	(0.0367)	(0.0399)	(0.0515)	(0.0386)	(0.0407)
Income	1.0796***	1.1390***	1.0245***	0.5677*	0.6758***	0.5103*	0.9247**	0.8720***	0.5989*
	(0.3824)	(0.2527)	(0.3184)	(0.3118)	(0.1873)	(0.2040)	(0.4174)	(0.3130)	(0.3295)
常数项	-6.8452*	-5.7295**	-3.6433	-2.1758	-1.4946	0.7644	-5.4308	-3.1140	0.5426
	(3.7112)	(2.4526)	(3.0900)	(2.8295)	(1.6995)	(1.8508)	(4.2101)	(3.1577)	(3.3241)
Pseudo R²	0.0288	0.0585	0.0739	0.0272	0.0557	0.0710	0.0190	0.0388	0.0543
N	884			880			881		

注：表中所有回归均控制了时间效应。***、**、*分别表示1%、5%和10%的显著性水平。

相应年份人均 GDP 处于 25% 分位数以下的标准筛选欠发达省份，然后以相同的计量模型进行回归，结果如表 4.5 所示。可以看到，流入变量（Inflow）依然显著为负，且绝对值比前述表 4.2 中结果更大。再以相应年份流入（Inflow）高于 75% 分位，流出（Outflow）小于 50% 分位的标准筛选出流入型省份进行回归，结果如表 4.6 所示。可以看到，流入变量（Inflow）显著为正，与 H_2 的判断相符；而流出变量（Outflow）不再显著。由此，H_2 得到了部分证实，即外地商品流入对本地消费的支撑作用主要体现在商品流入型地区。

表 4.5　OLS 回归结果：跨地区商品流动与居民消费水平（欠发达省份）

Cnsm	(1)	(2)	(3)	(4)	(5)	(6)
	全体		农村居民		城镇居民	
Outflow	0.1727 **		0.1043		0.2544 ***	
	(0.0856)		(0.0997)		(0.0884)	
Inflow	-0.3282 ***	-0.3023 ***	-0.4236 ***	-0.3584 ***	-0.2463 ***	-0.2412 ***
	(0.0739)	(0.0589)	(0.0793)	(0.0697)	(0.0637)	(0.0585)
Income	-2.2001	-2.0120	-1.0986	-0.7637	-2.2333	-1.9160
	(1.3640)	(1.3087)	(0.7067)	(0.7025)	(1.6126)	(1.6481)
常数项	25.5115 **	23.4337 *	13.3913 **	10.3354 *	27.4343 *	23.8146
	(12.9011)	(12.3738)	(6.1209)	(6.0975)	(15.9528)	(16.2890)
稳健标准误	是	否	否	否	否	否
F	6.5770 ***	10.2044 ***	8.7703 ***	10.8837 ***	5.8954 ***	6.1937 ***
Adj-R^2	0.1058	0.1020	0.1168	0.1092	0.0772	0.0607
R^2	0.1210	0.1131	0.1318	0.1202	0.0930	0.0724
N	237	244	236	243	235	242

注：表中所有回归均控制了时间效应。***、**、* 分别表示 1%、5% 和 10% 的显著性水平。

表 4.6　　OLS 回归结果：跨地区商品流动与居民消费水平（流入型省份）

Cnsm	（1）	（2）	（3）	（4）	（5）	（6）
	全体		农村居民		城镇居民	
Outflow	0. 1402		0. 1685		0. 1594	
	(0. 1300)		(0. 1320)		(0. 1367)	
Inflow	0. 3779 **	0. 3993 **	0. 3427 *	0. 3663 *	0. 4116 **	0. 4363 **
	(0. 1745)	(0. 1735)	(0. 1925)	(0. 1903)	(0. 1832)	(0. 1823)
Income	2. 9115 ***	2. 9701 ***	2. 0422 ***	2. 0637 ***	2. 5083 ***	2. 5951 ***
	(0. 7402)	(0. 7389)	(0. 4968)	(0. 5145)	(0. 8965)	(0. 8952)
常数项	− 23. 2470 ***	− 24. 3157 ***	− 14. 1107 ***	− 14. 9109 ***	− 20. 0553 **	− 21. 5002 **
	(7. 1639)	(7. 1015)	(4. 4774)	(4. 6119)	(9. 0313)	(8. 9640)
稳健标准误	否	是	否	否	是	否
F	5. 9084 ***	7. 4769 ***	6. 1762 ***	7. 3501 ***	3. 8026 ***	4. 5984 ***
Adj-R^2	0. 1759	0. 1744	0. 1552	0. 1521	0. 1086	0. 1050
R^2	0. 2117	0. 2013	0. 1919	0. 1798	0. 1474	0. 1342

注：N = 93。表中所有回归均控制了时间效应。*** 、** 、* 分别表示 1% 、5% 和 10% 的显著性水平。

（2）商品外销引致流通活动需求

接下来构建计量模型检验 H_3，即商品外销地区对流通业存在较大依赖的假设。因变量方面，根据各省份投入产出表，可以计算出当地各产业生产活动对流通行业的直接消耗系数（*DirCoe*）和完全消耗系数（*CmpCoe*）。从经济含义上看，一个产业利用流通行业产出作为其投入，反映的是其生产过程中对批发、零售、物流等流通活动的引致需求。由于流通业本身不生产实物商品，这些投入应当主要与中间品的采购与物流活动相伴随，能够体现前文企业基于国内价值链实现中间品生产的优化配置，继而形成竞争力的机制。其中，直接消耗系数体现的流通业直接为相应产业提供的服务价值占其最终产出的份额，而完全消耗系数则还包括通过其他各个产业投入间接引致的流通业投入，在实证分析中将同时对两者加以考察。

在核心解释变量方面，本报告通过构建虚拟变量"外销型生产"（*OutPrd*）来区分不同类型的地区，具体方法是：对于每一个行业（i），将各个地区（k）按照当年（t）流出额占总产出的比重（*Outflow*，i，k，t）进行由高到低的排序，其中位于前50%的省份 *OutPrd* 变量赋值为 1，后50%的省份赋值为 0。进一步地，考虑到市场开放情形下一个地区同时存在商品流入和流出的"产业内贸易"情形，本报告还在"外销型生产"的基础上，增加流入额占总产出的比重（*Inflowi*，k，t）排名不低于75%的标准，构建了"开放型生产"（*OpenPrd*）虚拟变量，在计量分析中同时加以考察。

在控制变量方面，由于一个地区的收入水平越高，通常对销售服务的要求就越高，因此仍然需要加入收入（*Income*）变量，控制各行业为了在最终销售环节直接服务消费者而引致的流通活动需求。同时，对于以商品周转为主的商贸型地区而言，其各个行业中投入的流通活动会有较大一部分未被用于当地的最终产品生产，所以考虑加入流通行业增加值（*VA_dis*）来控制当地流通业本身规模的影响。

这一部分的数据来源与第三部分相同。需要说明的是，这里将"交通运输及仓储业""邮政业"与"批发和零售业"三个行业作为流通产业。其中，"交通运输及仓储业""邮政业"2012 年投入产出表中合并为"交通运输、仓储和邮政业"，本报告在计算流通产业消耗系数时也对 2007 年数据相应地进行了加总。在计算流通产业整体的消耗系数时，本报告将"交通运输、仓储和邮政业"与"批发和零售业"进行了加总。在计量分析中，将对两大子行业和流通产业整体分别进行考察。这里新出现变量的描述统计结果如表 4.7 所示。

表4.7　　　　描述统计：商品外销与流通产业消耗系数回归模型

变量	DirCoe			CmpCoe			VA_dis		
含义	流通产业直接消耗系数			流通产业完全消耗系数			流通产业增加值		
细分	整体	交运仓邮	批零	整体	交运仓邮	批零	整体	交运仓邮	批零
均值	0.0631	0.0287	0.0344	0.1923	0.0920	0.0999	7.1805	6.2295	6.6598
标准差	0.0391	0.0208	0.0290	0.0959	0.0534	0.0580	1.0186	0.9240	1.1059
最小值	0.0000	0.0000	0.0000	0.0000	0.0000	0.0000	4.2338	3.2669	3.7554
最大值	0.2953	0.1554	0.2357	0.6746	0.4965	0.4366	9.1076	7.8305	8.7807

注：N＝999（由于少数省份当地不存在特定产业的生产活动，本文在计算流通产业消耗系数时剔除了相应产业，故样本量少于表4.1）。

以外销型生产（OutPrd）为核心解释变量的回归结果如表4.8所示。可以看到，外销型生产情形下的直接消耗系数和完全消耗系数相比其他情形均更高，并且在"交通运输和仓储业""批发和零售业"两大行业之间都有体现，由此，H₃得到了验证。从因变量为直接消耗系数（DirCoe）的回归结果来看，"交通运输和仓储业"中外销型生产（OutPrd）的系数明显小于"交通运输和仓储业"的情形，说明商品销往外地过程中对商流活动的直接依赖度高于物流活动；两者间的差距在因变量为完全消耗系数（CmpCoe）的回归结果中有所缩小，表明考虑更多上游中间品蕴含的流通活动投入之后，商品外销为物流活动的依赖性也得到了显现。可以认为，相比处于生产环节上游用途更为广泛的初级产品，处于下游的中间品具有更强的专属性，因而对商业居间活动在信息传递、交易撮合等方面的要求更高，是出现上述结果的主要原因。此外，控制变量流通行业增加值（VA_dis）多显著为负，反映商贸型地区流通活动的对象并未真正参与到当地产业生产之中，符合一般认识；收入变量（Income）多为正且显著，说明前述关于收入水平较高地区要求商品销售环节中附加更多服务性内容的现象确实有可能存在。

表4.8　　　　回归结果：商品外销与流通产业消耗系数（外销型生产）

细分	(1)	(2)	(3)	(4)	(5)	(6)
	直接消耗系数（DirCoe）			完全消耗系数（CmpCoe）		
	流通业	交通运输和仓储业	批发和零售业	流通业	交通运输和仓储业	批发和零售业
OutPrv	0.0090***	0.0030**	0.0062***	0.0287***	0.0128***	0.0154***
	(0.0025)	(0.0013)	(0.0018)	(0.0058)	(0.0033)	(0.0034)
VA_dis	-0.0045**	-0.0040***	0.0006	-0.0135***	-0.0007	-0.0098***
	(0.0018)	(0.0010)	(0.0012)	(0.0039)	(0.0018)	(0.0027)
Income	0.0121**	0.0088***	-0.0019	0.1172***	0.0489***	0.0686***
	(0.0054)	(0.0033)	(0.0050)	(0.0149)	(0.0065)	(0.0107)
常数项	-0.0279	-0.0343	0.0446	-0.8527***	-0.3764***	-0.5065***
	(0.0446)	(0.0285)	(0.0425)	(0.1266)	(0.0572)	(0.0903)
稳健标准误	是	是	否	否	是	是
F	10.5588***	12.7747***	2.9913**	26.0417***	27.4022***	17.8682***
Adj-R^2	0.0277	0.0474	0.0079	0.0912	0.0771	0.0859
R^2	0.0316	0.0513	0.0119	0.0949	0.0808	0.0896

注：N=999。表中所有回归均控制了时间效应。***、**、*分别表示1%、5%和10%的显著性水平。

以开放型生产（OpenPrd）为核心解释变量进行回归，结果如表4.9所示。可以看到，该变量显著为正，且各项回归系数比表4.8中（OutPrd）的相应结果更大。这进一步说明，H_3关于商品外销需要流通行业支撑的判断对存在产业内贸易的情形更为显著，即同时存在的商品流入与流出对商流和物流活动均提出了更高的要求。

表 4.9　　　　回归结果：商品外销与流通产业消耗系数（开放型生产）

细分	（1）	（2）	（3）	（4）	（5）	（6）
	直接消耗系数（*DirCoe*）			完全消耗系数（*CmpCoe*）		
	流通业	交通运输和仓储业	批发和零售业	流通业	交通运输和仓储业	批发和零售业
OpenPrd	0.0106 ***	0.0033 **	0.0075 ***	0.0347 ***	0.0153 ***	0.0187 ***
	（0.0025）	（0.0013）	（0.0019）	（0.0059）	（0.0033）	（0.0036）
VA_ dis	− 0.0042 **	− 0.0040 ***	0.0008	− 0.0126 ***	− 0.0004	− 0.0093 ***
	（0.0018）	（0.0010）	（0.0012）	（0.0039）	（0.0018）	（0.0027）
Income	0.0121 **	0.0089 ***	− 0.0021	0.1169 ***	0.0491 ***	0.0680 ***
	（0.0053）	（0.0033）	（0.0050）	（0.0148）	（0.0064）	（0.0106）
常数项	− 0.0299	− 0.0359	0.0448	− 0.8573 ***	− 0.3812 ***	− 0.5058 ***
	（0.0440）	（0.0284）	（0.0422）	（0.1256）	（0.0565）	（0.0893）
稳健标准误	是	是	否	否	是	是
F	12.0546 ***	12.3482 ***	4.2740 ***	28.9357 ***	29.7138 ***	19.3120 ***
Adj-R^2	0.0324	0.0484	0.0130	0.1007	0.0827	0.0937
R^2	0.0362	0.0522	0.0169	0.1043	0.0864	0.0974

注：N＝999。表中所有回归均控制了时间效应。***、**、* 分别表示 1%、5% 和 10% 的显著性水平。

3. 小结

流通创新降低了跨地区商品流动的"冰山成本"，对促进国内市场的统一、开放，增进消费者福祉具有积极作用。本文考察了地区间商品贸易与居民品质消费之间的关系机制，结果表明：由于商品销往外地的成本通常比在当地销售更大，一个地区生产的商品首先会被用来供给当地消费者；对于有大量商品销往外地的地区而言，相应产业应当在品质、价格等方面具有较强的竞争力，且该商品在当地市场的消费水平应当更高。而当一个地区特定产业的生产规模较小时，来自外地的商品流入将对当地的居民消费产生支撑作用。进一步的研究发现，大量商品外销会对交通运输、批发零售等行业活动产生明显的中间投入需求。其实质是,生产企业通过国内价值链分工优化能够提升商品品质,形成进入外地市场的竞争力,而途径需要更为发达的中间品流通作为支撑。

(三) 流通创新促进品质消费的现实途径

前文从需求侧、供给侧阐述了流通创新促进品质消费的总体机制。接下来,本文将以更为具体的案例和数据,说明上述机制得以成立的现实途径。

1. 流通创新提升供应链整体管理效率

为了满足消费者更为丰富、更为便捷和更优性价比的消费需求,一大批流通企业开展了以供应链优化为核心的管理革新,从而大大提升了流通渠道上下游的整体运行效率。下面将对电商企业"京东""天猫""菜鸟网络"这三家企业在供应链信息优化方面的案例进行考察。

(1)"京东"的供应链智能化创新

京东于2004年正式涉足电商领域,现已成为以自营商品与商家入驻相结合为基本经营模式的行业领军企业。在京东的供应链管理优化过程中,"青龙系统"扮演了十分重要的角色。京东在2012年导入了青龙系统1.0版,用以实现供应链管理的基本功能;2013年,该系统升级至2.0版,功能也有了全面提升。2014年,青龙3.0版发布,其最大变化是增加了"外单处理"功能,使京东可以在全国主要城市面向商家开通上门接货服务,即提供"京东配送"业务,包括"当日达""次日达"和"隔日达"三种产品,以及代收货款(顾客货到付款)、保价服务、签单返还、协商再投、改派地址、顾客自提等增值服务。为配合京东集团渠道下沉战略,青龙系统在2015年进一步升级至

5.0 版。2016 年，京东开展智慧物流战略，青龙系统 6.0 版在功能上做出了进一步提升。目前的青龙系统主要由基础服务、运营支持、分拣、大运输、终端服务和外部拓展等功能模块组成。

基于青龙系统的智慧物流建设是京东提升整体供应链效率的关键举措。青龙系统提供的预分拣、分拣、路由、配送众包等核心功能与包括移动终端应用、大数据、物联网、基于位置服务（Location Based Service，LBS）等现代互联网技术相结合，共同构成了智慧物流系统的"大脑"。例如，预分拣系统可以根据地址库、关键字库和特殊配置库（如大家电等）的数据，对位于特定地址的消费者下达的订单做出经验值、特征值和特殊配置的匹配，找到最为接近的物流站点。路由系统则主要针对站点间的线路优化，围绕上门接货、取件传递、集货分拣、干支线运输、散货分拣、派送传递和终端派件等作业环节，开展全网时效管理。同时，不断根据时效偏差及背后的原因分析，优化路径算法，提供更为精准的时效和路线规划。此外，还可为站点提前做出到货量预计，以便安排相应的作业任务。

始于 2012 年的智能物流项目"亚洲一号"是京东物流效率提升的重要支撑，目前全国有 9 个"亚洲一号"投入运营。根据这些物流项目的业务定位和设备差异，可以分为高度自动化项目、适度自动化项目和普通园区三种类型。将自动化设备和机器人等硬件设施与智能管理软件相结合，大大提升了立体化存储、商品拣选、运输包装、场内输送和销售分拣等环节的运作效率，同时降低了人工操作可能带来的差错率。

基于自建物流体系，京东创新性地提出了"仓配模式"来提升物流时效。传统的电商配送模式需要经过"收件→转运→派件"的流程，而仓配模式直接将商品从前置仓发出，进入派送环节。具体而言，采取仓配模式的电商企业采用大数据预测一定时段或促销期间的商品销量，然后预先将商品储存在遍布全国的各大仓库中；在顾客下单后，直接从最近的仓库发货并配送，从而大大缩短客户的等待时间。这一模式的技术核心是运用包括顾客历史订单、搜索记录、浏览记录、愿望清单和购物车等构成的大数据信息集合，配合地址库信息准确预测特定区域的商品销量。由此，商品包装、出库、转运保存等环节都可以在用户下单前就事先完成，下单后仅进行运输配送和终端送达作业，从而大大改变了用户网上购物之后"苦等快递"的局面，提升了线上消费品质。

（2）"菜鸟"基于信息的物流优化

成立于2013年的"菜鸟网络"由阿里巴巴、银泰集团联合多家业内企业和金融机构共同组建，旨在建立"中国智能物流骨干网"（简称CSN）项目。与京东基于集团自建物流网络实现运输、仓储与配送等职能的情况不同，菜鸟网络核心理念在于搭建"数据为驱动的社会化协作平台"，为各类物流服务相关主体建立更为对称的信息关系，从而自发地实现最优化资源配置。

菜鸟旗下的"菜鸟裹裹"手机应用程序是践行上述理念的典型代表。如何将淘宝（C2C模式下）分散的快递用户需求采用高效的方式加以整合，缩短从取件到送达的总时长，是阿里物流模式迫切需要解决的问题。事实上，每时每刻都有大量的快递员分布在城市的各个位置进行配送、运输等作业，而快递发件需求也会随时产生于遍布各处的商家或消费者。将服务提供方和需求方进行匹配，就是"菜鸟裹裹"需要完成的任务。该手机应用程序采取了需求者下单、快递员接单的自主化方式。目前，申通、圆通、百世汇通、韵达、天天、德邦、优速、如风达等多家国内知名快递公司均已成为"菜鸟裹裹"的合作伙伴。在用户通过"菜鸟裹裹"发布寄件需求以后，该信息会自动推送给附近接入该移动终端应用的快递配送员，不论他们隶属于哪个具体的快递公司。快递员接单以后，可以根据自身的路线和位置，在约定的时间前往寄件人处接取包裹。在这一过程中，"菜鸟裹裹"基于其所拥有的位置数据和匹配算法，为快递服务供求双方提供了精准的信息传递功能。可以看出，"菜鸟裹裹"的模式创新使信息充当了"调度员"的角色，在信息透明化的条件下，微观个体的自发行为实现了快递收发件的有序化运作，提高了有限资源的配置效率。

"菜鸟电子面单"是菜鸟网络通过标准化技术运用提高快递行业效率的又一创新性的服务产品。其核心是整合多家快递公司，统一接入货主、统一分配快递单号资源、统一优化订单处理流程。通过各快递公司地址信息资源的互联互通，菜鸟网络建立了精确到街道的四级地址库，提高了物流环节的数据化质量水平。对于快递公司而言，相比过去凭借人工记忆的做法，基于大数据和自动化设备仪器的包裹路由分单大大提升了处理效率，分拣出错率则明显降低。对于使用菜鸟电子面单的商家而言，则可以同时直接对接多家快递公司，而自身无须根据不同快递公司的面单格式自行开发打印程序。同时，菜鸟网络还为使用菜鸟电子面单的快递提供了超区订单识别、快递企业后台自助对接等服务。在大量客户接入并使用菜鸟网络的过程中，事前的销售预测、流量预测，事中的路况和流量预警，以及事后的数据沉淀和分析复盘成为可能。

以此为基础，菜鸟网络创造性地建立了基于第三方物流的仓配模式。支撑这一模式的，是天猫、淘宝的交易与物流信息搭建起的数据网络（"天网"），以及并在分布全国的几大重要物流区域的数个巨大仓储中心（"地网"）。这一系统能够提供标准化的仓库管理服务，包括基于大数据的自动化仓库管理体系、仓库建设与选址建议等。入驻淘宝或天猫的商家可以根据系统的优化提示，事先将商品送入"菜鸟仓"，在顾客下单或订货之后，由菜鸟仓直接发货，交由第三方快递公司配送。目前，菜鸟联盟提供了当日达、次日达、预约配送等多种时效的服务产品。不仅在国内，为了满足海外消费者在线购买中国商品之后的快速配达需求，菜鸟网络还建立了数十个位于境外的"海外仓"，起到了促进跨境出口电商、支持商品走出国门的积极作用。

2. 电商渠道推广制造商品牌与新产品

电商零售渠道的快速发展，为消费者带来了更为丰富的商品选择和更加便捷的购买方式。总体上看，在网页展示商品的模式下，商品上下架管理和价格变动更为便利；围绕目标人群的商品信息推送，可以使零售商更加主动地把握销售机会。值得注意的是，相比于线下渠道的"自营"和"联营"，线上零售商也可分为"自营电商"和"第三方平台"两种经营模式。并且，近年来，两种模式混合经营开始成为许多知名电商的现实选择。一方面，京东、国美、苏宁等自营电商都在保留自营业务的同时采取为入驻商家提供经营平台的运作模式。另一方面，作为平台模式代表的天猫，也以开设"天猫国际官方旗舰店"的形式在跨境电商中导入了自营模式，回应消费者对于进口商品品质的关注。

其实质是在发展品质消费的背景下，两类电商渠道可以扮演的角色存在差异和互补。直观地看，自营电商在销售商品的同时能够利用自身的信誉帮助新兴品牌实现市场推广，即消费者会根据制造商品牌和自营电商品牌的组合来进行商品品质的判断。但由于自营模式需要电商承担较多的经营风险，电商企业在选择自营商品品牌乃至品种的过程中会更加慎重。而对于入驻线上平台的成熟制造商而言，它们可以利用这种电商模式赋予制造商的更多经营权限，在新产品推广中占据主动。接下来，本节将考察电商在推广制造商品牌与新产品中的作用，重点比较两种经营模式的不同角色。

这里选择了京东、苏宁、国美和天猫四家电商的数据用于分析。其中，京东、苏宁、国美只选取自营商品，而不包括第三方入驻的情况；天猫只选取品牌旗舰店部分，排除其他类型经销商入驻销售的情况。需要说明的是，根据天猫商城的命名规则，其店铺分为"专卖店""专营店"和"旗舰店"三类。其中，专卖店和专营店属于授权经销方式，而旗舰店为品牌所有者设立。因此，只有旗舰店能够符合本文对品牌制造商经营意志进行分析的要求。在产品方面，选择冰箱、电视、空调、洗衣机、油烟机、电热水器这六类大型家电。目前，它们已经基本在城乡居民家庭中得到了普及，且都具有明确、具体的品牌和型号标识，便于电商间的型号匹配和检查。此外，大家电产品单品价格较高，消费者购买和电商促销的行为会相对理性。

　　数据获取与处理过程主要分为三个阶段。第一阶段是要尽可能完整、准确地取得上述四家电商、六大类商品的销售链接，这里采取以下步骤来实现。第一步，汇总制造商品牌。在京东、苏宁、国美三大电商中，分别选择空调等 6 个的商品大类，然后利用"按品牌筛选"功能找到销售该类商品的制造商品牌。接着，在天猫平台逐一检索是否存在相应品牌的"旗舰店"。考虑到品牌筛选选项中可能存在遗漏，本文又反过来汇总了各制造商品牌在四家电商销售的家电品类，从而全面获知其品类构成。第二步，在整理得到的品牌中选择 1/2 尝试获取商品链接，发现其中与数据完整性相关的问题。主要包括以下情况：一是不同平台在品类划分中的差异。例如，有的电商将"热水器"归入"大家电"，而"小厨宝"另行归入"小家电"；有的则将"小厨宝"统一归入"热水器"。二是部分电商中直接通过商品分类页面获得的链接存在不完整性，需要进入专门的品牌页面（如品牌自营旗舰店页面）来进行补充。三是有的电商在一个商品页面给出多个型号或品种选项，而直接从分类页面获得的链接中没有完全包含其中的具体商品。第三步，针对"试错"中发现的问题，采用多种方式获取商品链接。包括按品牌检索、按商品大类检索、查看专门的品牌页面，以及在产品页面通过型号选项获取延伸链接等。第四步，根据链接获取商品名称，通过文本识别办法提取相应的品牌，以此为基础进行比对检查。主要处理了两类问题：一是结合第一步从各品牌制造商的品类构成信息，在销售品类不完整的电商网站中按"品牌 + 品类"进行检索，对此前没有获取的商品链接加以补充。二是采用筛选剔除的办法，删去不属于研究对象范围内的商品链接，包括套装商品、测试商品，以及网站品类划分差异产生的问题。该环节共得到涉及 6 大类商品的制造商品牌 141 个，商品销售链接 17011 个。

第二阶段是获取产品历史价格等具体信息。本报告选择国内某知名比价网站，将第一阶段整理得到的销售链接逐一进行检索。该比价网站可以提供自查询日起向前追溯至最长一年的历史价格变动情况，一年内发布的产品则追溯至链接生效日。数据采集测试自 2016 年年底开始，正式采集在 2017 年 9 月初完成，共得到 147.4 万余条价格变动记录。

第三阶段是整理产品型号并在电商间匹配。电商网站销售链接中的产品名称为基础，提取其中代表型号的字符串，并在电商之间进行相互匹配。在这一环节中，本报告考虑了部分产品拥有多个型号标识的情况（主要是空调类家电），其依据来自电商在产品名称中同时标注所体现的对应信息。

上述过程及数据分析采用 Excel VBA 与 STATA14 相结合的方式实现。整理完成后共得到 1 万余个具体商品型号，其分布情况如表 4.10 所示。

表 4.10　　　　　　　　各电商销售的各类家电产品型号数量　　　　　　单位：个

	空调	电视	冰箱	洗衣机	油烟机	电热水器	合计
京东	805	482	792	537	159	244	3019
苏宁	481	674	907	675	663	1321	4721
国美	1303	694	842	597	392	689	4517

续表

	空调	电视	冰箱	洗衣机	油烟机	电热水器	合计
天猫	464	532	760	532	370	613	3271
总计	2247	1395	2136	1561	1264	2229	10832

注：由于各电商间销售的产品型号存在重合，故纵向各列加总不等于总计。

（1）丰富的商品品牌

电商的产品构成反映了其销售商品的多样化程度，同时也是品牌制造商实施产品渠道策略的表现。这里先从产品品牌的层次加以分析。图4.1所示的是各电商销售的六大类家电产品品牌数量。不难发现，就空调、电视、冰箱和洗衣机这四类主流品牌较为集中的商品而言，平台式电商天猫所拥有的品牌数量都是最多的。这说明，相关的品牌制造商都倾向于在天猫开设旗舰店，并且销售的家电产品品类更为完整。而对于油烟机和电热水器这两类制造商品牌数量较多的家电而言，苏宁所经营的品牌数最多，天猫居于其次。这说明，这些类别商品的一部分品牌制造商以自营电商苏宁作为其销售渠道，而没有在天猫的平台上开设品牌旗舰店。本文进一步汇总了自营式和平台

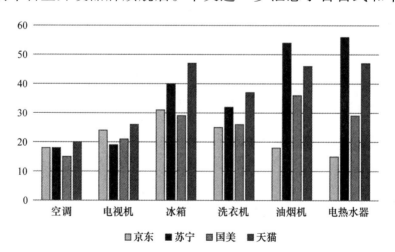

图4.1　各电商销售家电类商品的品牌数量（个）

式电商间的品牌分布情况（见表4.11），结果表明，具有较高知名度和市场份额的家电品牌通常会选择包括更多自营电商在内的渠道销售产品，表现为空调、电视、冰箱和洗衣机四类产品涉及的品牌中，在全部渠道销售产品的占比最高，而油烟机和电热水器的品牌制造商进入全部自营电商的情形占比较低。就此而言，在自营电商倾向于选择知名品牌的情况下，品牌制造商知名度及其与自营零售商的渠道势力对比是导致两类电商的品牌丰富程度在品类间存在差异的原因。

表 4.11　　　　　　主要家电品牌在电商间的销售分布情况

	仅自营电商	部分自营电商 + 天猫	全部自营电商 + 天猫	仅天猫
空调	（4个）LG、惠而浦、康佳、上菱	（6个）格兰仕、卡萨帝、日立、统帅、新科、扬子	（13个）TCL、奥克斯、大金、富士通、格力、海尔、海信、科龙、美的、三菱电机、松下、长虹、志高	（1个）小艾
电视	（2个）乐视、统帅	（11个）CAN、KKTV、爱芒果、东芝、风行电视、乐华、模卡、三洋、松下、微鲸、熊猫	（14个）LG、TCL、暴风TV、创维、飞利浦、海尔、海信、康佳、酷开、三星、索尼、夏普、小米、长虹	（0个）
冰箱	（1个）志高	（20个）TCL、白雪、倍科、达米尼、大宇、东宝、华日、惠而浦、金帅、金松、晶弘、欧立、七星、上菱、双鹿、索伊、万宝、威力、小吉、长虹	（23个）LG、奥马、澳柯玛、博世、创维、帝度、格兰仕、海尔、海信、韩电、卡萨帝、康佳、美的、美菱、荣事达、容声、三星、松下、统帅、西门子、夏普、新飞、星星	（4个）德努希、万爱、小天鹅、樱花
洗衣机	（4个）澳柯玛、德努希、双鹿、志高	（16个）TCL、倍科、达米尼、大宇、惠而浦、金帅、金松、卡迪、摩鱼、七星、奇帅、容声、速比坤、统帅、威力、小吉	（18个）LG、博世、创维、格兰仕、海尔、海信、韩电、卡萨帝、康佳、美的、美菱、荣事达、三星、三洋、松下、西门子、小天鹅、小鸭	（3个）万爱、夏普、樱花

续表

	仅自营电商	部分自营电商＋天猫	全部自营电商＋天猫	仅天猫
油烟机	（16个）TCL、阿诗丹顿、奥克斯、倍科、比德斯、格林姆斯、惠而浦、卡萨帝、美菱、荣事达、容声、三洋、速热奇、小鸭、新飞、长虹	（26个）澳柯玛、百得、百吉、厨之宝、创尔特、村田、得力、格兰仕、格林格、光芒、海信、红日、火王、康星、老模范、林内、梅赛思、能率、年代、欧琳、前锋、申花、神州、帅邦、迅达、优盟	（16个）德意、方太、海尔、好太太、华帝、康宝、老板、美的、帅康、苏泊尔、统帅、万和、万家乐、西门子、樱花、樱雪	（4个）博世、皮阿诺、斯丹诺、唯开
电热水器	（14个）TCL、百得、村田、德意、光芒、红日、惠而浦、火王、老模范、美菱、前锋、容声、申花、长虹	（35个）阿诗丹顿、奥华斯、澳柯玛、比德斯、博世、创尔特、创高、德恩特、德而乐施、德国宝、鼎新、法罗力、飞羽、格兰仕、格林姆斯、格美淇、哈博、海信、汉诺威、好太太、基诺德、佳源、康宝、康泉、罗格、梅赛思、诺克司、神田、神州、斯狄渢、速热奇、小鸭、樱花、樱雪、优盟	（11个）阿里斯顿、奥特朗、海尔、华帝、美的、史密斯、帅康、统帅、万和、万家乐、西门子	（2个）林内、小艾

注：表中信息根据相关电商销售链接整理得到，链接获取于2017年9月。

（2）多样化商品品种

接下来对电商在商品品种层次为消费者提供多样化选择的情况进行考察。本报告计算了电商间彼此经营家电型号的重合度，结果如表4.12所示。总体而言，各家电商销售的产品型号数量占市场同期在售型号数量的比重在35%左右，仅有苏宁的油烟机类、电热水器类和国美的空调类分别达到了52.45%、59.26%和57.99%。与此同时，各电商独家销售和电商间同时销售的型号占比相当，其算术均值分别为17.84%和19.06%；而在同时销售的情况中，四家电商同时重合的比重最小（3%）。

也就是说，平均来看，某一家电商中有接近一半的型号在其他电商并无销售，而在另一半其他电商有售的产品型号中，只有1/6是四家电商同时销售的。此外，市场中还有将近两倍于该电商经营数量的其他型号产品在另外电商销售。在空调、电视、冰箱和洗衣机四个品类中，国美拥有的独家销售型号占比最高，而油烟机、电热水器两个品类中苏宁的独家销售型号占比最高。平台式电商天猫拥有的独家销售型号占比则在10%—20%的范围内。可见，这一差异并没有体现出与电商经营模式之间的关联，即自营、平台两类电商都尽可能减少与竞争对手销售产品的重合度，这与线上市场搜索信息更低所带来的特点密切相关。

表4.12　　　　　　各电商间同时销售家电产品型号情况　　　　单位：%

产品	型号总数（个）	电商	该电商无销售	该电商独家销售	该电商与另外电商同时销售		
					另有3家销售	另有2家销售	另有1家销售
空调	2247	京东	64.17	17.58	2.27	6.23	9.75
		苏宁	78.59	7.48		6.28	5.38
		国美	42.01	39.21		5.34	11.17
		天猫	79.35	11.57		3.65	3.16
电视	1395	京东	65.45	10.11	6.31	9.03	9.10
		苏宁	51.68	11.18		11.90	18.92
		国美	50.25	21.79		4.44	17.20
		天猫	61.86	10.90		10.97	9.96
冰箱	2136	京东	62.92	13.90	3.84	8.71	10.63
		苏宁	57.54	14.37		8.52	15.73
		国美	60.58	20.79		4.17	10.63
		天猫	64.42	13.81		7.82	10.11
洗衣机	1561	京东	65.60	13.84	2.69	7.94	9.93
		苏宁	56.76	16.02		8.01	16.53
		国美	61.76	20.31		3.59	11.66
		天猫	65.92	14.22		7.37	9.80

续表

产品	型号总数（个）	电商	该电商无销售	该电商独家销售	该电商与另外电商同时销售		
					另有3家销售	另有2家销售	另有1家销售
油烟机	1264	京东	87.42	4.83	1.58	3.01	3.16
		苏宁	47.55	39.00		3.64	8.23
		国美	68.99	21.28		3.16	4.98
		天猫	70.73	17.17		3.48	7.04
电热水器	2229	京东	89.05	4.98	1.30	2.33	2.33
		苏宁	40.74	41.32		4.62	12.02
		国美	69.09	17.86		3.41	8.34
		天猫	72.50	14.72		4.31	7.18
算术平均值			65.35	17.84	3.00	6.07	9.99

从品牌制造商角度汇总产品型号的销售渠道分布情况，也可反映两种电商模式在销售商品品种多样化方面的情况。如表4.13所示，平均而言，各类产品的制造商都有超过50%的商品型号仅在自营电商销售；剩下进入天猫平台的产品型号中，又有大约一半同时在自营电商中销售。这在一定程度上说明自营电商已经成为品牌家电制造商销售产品的主要渠道。不过，也不能排除品牌制造商被动形成这一结果的情况，即自营电商要求品牌制造商为其定制型号，或制造商为了满足自营电商在降低成本价格等方面的要求而生产专供型号。

表4.13   家电品牌制造商产品型号的销售渠道分布情况   单位：%

	品牌数量（个）	仅天猫			仅自营电商			自营电商＋天猫		
		中位数	均值	标准差	中位数	均值	标准差	中位数	均值	标准差
空调	24	11.82	19.13	27.26	72.95	67.82	30.21	7.14	13.05	16.99
电视	27	7.69	17.35	19.94	48.00	50.16	24.22	26.92	32.49	22.04

续表

	品牌数量（个）	仅天猫			仅自营电商			自营电商＋天猫		
		中位数	均值	标准差	中位数	均值	标准差	中位数	均值	标准差
冰箱	48	14.04	25.59	29.04	59.74	50.11	28.08	22.87	24.30	19.67
洗衣机	41	11.76	23.79	27.99	60.00	54.76	28.91	19.64	21.46	17.77
油烟机	62	10.82	22.06	29.19	71.20	67.59	30.32	5.11	10.35	13.69
电热水器	62	4.58	20.72	28.05	68.94	65.75	31.04	5.78	13.53	20.00
全体	264	10.53	21.91	27.58	64.91	60.22	30.03	12.87	17.87	19.45

（3）推动新产品销售

刚进入市场的新产品往往会带来更大的经营风险。本报告对各电商中销售的新产品比例进行了比较。这里对新产品采取"半年内（按180天计算）上市"的操作性定义，先根据所有电商中最早出现价格记录的日期筛选出新产品，然后分别汇总各品牌在4家电商销售的新产品数量占比，再按产品类别对各电商在售品牌的新产品占比求取均值，结果如图4.2所示。可以发现，虽然天猫销售的电视、冰箱和洗衣机三类商品型号总量与京东相当（见表4.10），但品牌制造商在其中投放的新产品占比明显大于京东；天猫的空调类型号数量只有京东的一半左右，但新产品占比几乎三倍于京东。反过来看，京东销售的各类家电中新产品占比都相对较低，并且除空调类以外，产品型号数量也都较少。各品牌制造商在天猫销售的油烟机、电热水器两类家电的产品型号总量和新产品占比也都高于京东。

但进一步分析可以发现，同样作为自营电商的国美则有着与京东不同的新产品结构。其空调、电视、冰箱、洗衣机四类商品的新产品占比均接近甚至高于天猫；而油烟机、电热水器两类商品的新产品占比更是达到了50%以上。国美的新产品绝对数量居四家电商之首，其次是天猫，而京东、苏宁的数量均相对较少，如表4.14所示。出现这一结果的可能原因在于，新产品销售的问题也应从电商竞争格局和制造商渠道策略两方面来理解。自营零售商如果将销售资源集中于市场认可度较高的部分产品，则可以在很大程度上降低风险，提高短期内的资金周转率。对于处于领先地位的自营电商京东而言，这是一种比较稳妥的策略。作为品牌制造商，则不能将只关注已经较为畅销的产品型号，而要同时为新开发的产品寻找销售渠道，使之接受市场的考验。这样的情况下，在产品组合方面更具自主权的平台式电商就会成为其现实选择。进一步计算发现，天猫平台独家经营商品中，新产品比例都处于更高的水平（图4.2），这是品牌制造商将平台式电商渠道作为新产品入市起点的另一佐证。同时，国美为代表的其他自营电商也可以通过提供更多的新产品来形成差异化竞争优势，深耕品类、满足顾客多样化需求，以此提升市场份额。与平台式电商直接"下放"权力不同，构建更为友好的新产品导入规则，以及与产品更新较快的品牌制造商建立供应关系等，可以成为自营式电商提高新产品占比的重要途径。

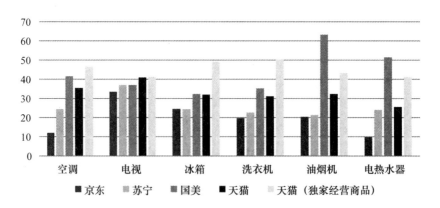

图4.2　各电商销售家电类商品中的新产品数量占比（%）

表4.14　　　　　　　各电商销售家电的新产品型号数量　　　　单位：个

	空调	电视	冰箱	洗衣机	油烟机	电热水器	合计
京东	99	161	174	106	37	34	611
苏宁	81	211	186	151	102	108	839
国美	435	232	332	217	253	392	1861
天猫	144	209	217	153	131	160	1014

从上述分析可以看出，平台式电商和自营电商这两种线上经营模式在品牌与产品型号多样化、新产品导入等方面有着其自身的特点。就目前的情况看，平台式、自营式电商发挥着各自的流通角色，具有不同的市场意义。两种模式的零售电商之间存在着市场竞争，品牌制造商可以根据自身的经营需要在两种模式的渠道间进行相互协调，既充分发挥自营式电商在服务网络、品牌效应等方面的优势，扩大市场影响和销售规模，也可以通过入驻平台式电商的品牌旗舰店直接感知市场，优化产品竞争策略。自营式、平台式两种电商渠道是流通形式创新与细分的结果，制造商将其综合利用，实现互补共赢，将为其改善产品、提升质量，将更多高品质商品提供给消费者提供支撑。

3. 以大数据支持产品及服务品质提升

近年来，大数据技术的快速发展，为生产、流通企业创新管理模式、提高产品和服务品质提供了新的机会。

线下门店是消费者与零售企业的接触点。对于消费者来说，在生活、工作、休闲的主要地点附近开设与其消费能力、品位相适应的实体门店，不仅能够方便其购物活动，还能够提升满足感；对于零售企业来说，在开设新门店的过程中了解备选位置附近的人群构成，预先了解潜在的顾客规模和市场潜力，能够帮助企业更好地与租金成本等信息加以综合并支持最终的选址决策。典型地，基于消费者日常购物及支付行为积累的大数据信息可以发挥重要作用。例如，这些数据当中包含了消费者的品牌偏好、购物习惯，以及常用的住宅小区、办公地点等收获地址信息，继而可以分析出备选位置附近的人群流动情况。例如，阿里云推出的"地动仪"产品，就以丰富的数据资源为基础，通过全面分析接入顾客的线上和线下消费行为与位置轨迹，了解其消费习惯和支付意愿，从而为用户分析指定商圈的消费潜力提供支撑。类似地，从这些数据中还可以挖掘出有关顾客价格敏感度、品牌认知度等方面的信息，从而帮助用户提供更为精准的渠道设计方案。

线上购物渠道为消费者提供了商品评价的渠道，同时也为企业获取消费者反馈提供了更为便捷的条件。目前，以顾客评价为基础开展大数据分析，从而改进产品、提高消费者满意度的案例屡见不鲜。例如，全品类品牌食品零售商"良品铺子"就利用后台抓取的消费者评价数据，通过文本挖掘分析了解顾客对产品价格、品质、口位、物流等多个方面的满意度，找出问题、发现优势，从而进行必要的产品和服务改良，提升其在行业中的竞争地位。

以用户自身操作判断其消费特征和商品需求，继而有针对性的推送可能被购买的商品，是目前电商企业广泛采取的做法。如图4.3所示，消费者在电商网站注册登录以后，其浏览网页、搜索商品、关注商品、加购物车等购买前行为，以及达成实际购买的行为都会被记录下来，并与顾客注册时提供的个人信息进行综合分析。企业在积累了这些海量数据之后，就可以预测未来顾客一些购买前行为所表达的消费诉求，并根据其消费特点推送相应的商品信息或给予专属的优惠折扣。除了主动推送以外，搜索算法也有了很大的改进。完整的离线在线与实时的深度学习与智能决策体系，使电商平台能够更懂得消费者的"心思"，帮助其找到合乎搜索意图的商品。

此外，深度应用"顾客画像技术"，还可以对企业的会员质量和潜在价值进行分析。例如，阿里云推出的 FAST 指数，从人群总量（Fertility）、加深率（Advancing）、超级用户数（Superiority）以及超级用户活跃度（Thriving）等维度刻画了消费者属性①，能够帮助企业更好地认识自身在市场中所处的竞争地位和未来顾客及会员管理的重点。

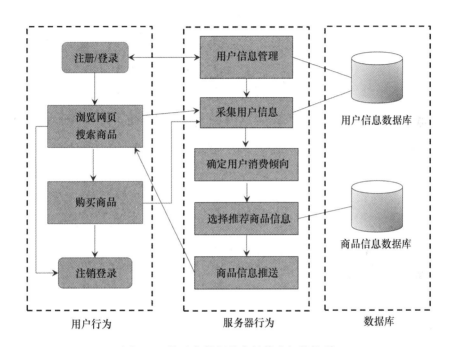

图 4.3　基于大数据的商品信息智能推送

资料来源：王喜富：《智慧物流与大数据发展取向》，第十六届中国物流学术年会，2017。

当然，上述利用用户个人信息的分析需要建立在有效保护隐私权的基础之上。2019 年 1 月 1 日开始实施的《电子商务法》也规定，企业需要为用户提供不根据其消费特征定向推送产品的选项。完善的制度规范是大数据技术能够在流通领域得以正

---

①　其中，"超级用户"是指拥有高净值、高价值及高传播力的人群，"加深率"是指消费者从认知，到产生兴趣、发生购买，最终成为忠诚用户各个阶段的转化率。

确发挥作用的保障。

4. 小结

流通环节具有创新性的模式运用和技术渗透能够同时对商品或服务的供求双方产生影响作用。这一部分从三个典型方面进行了说明：首先，供应链是连接企业上下游经营活动的载体，围绕供应链开展的流通创新活动，能够提高周转效率、优化物流活动，缩减生产者与消费者之间的隔阂。其次，电商企业作为近年来迅速兴起的流通形式，具有平台型、自营型两种经营模式。这两种模式在丰富消费者选择、支撑生产商品种多样化以及推广新产品方面具有互补作用。最后，大数据技术的兴起及广泛应用，为更加精准地识别消费者特征，帮助企业改进商品和服务提供了机会。这对于距离消费者最为接近的流通企业而言，体现得最为明显。从线下实体门店的选址，品牌零售商的产品改良，到基于用户行为的商品推荐和竞争格局评估，都是运用大数据优化生产与消费的对接关系，促进品质消费的实例。

五　商业模式创新促进品质消费

管理学大师彼得·德鲁克曾指出"当今企业之间的竞争，不是产品之间的竞争，而是商业模式之间的竞争"。随着信息技术的不断进步，信息不对称问题越来越少，产品之间市场竞争更加激烈，商业模式创新成为新的竞争焦点，电子商务、O2O、共享经济等新型商业模式层出不穷。这些商业模式创新可以突破空间障碍的限制，促进商品跨区域流通，丰富商品种类，满足消费者多元化的消费需求，同时还能降低流通成本，提升消费者的获得感和参与感，增加消费者效用，是促进品质消费的又一重要动力。

（一）商业模式创新及品质消费的内涵

1. 商业模式与商业模式创新

近年来，随着信息技术的发展，市场供需信息更加透明，企业之间产品竞争更为激烈，个性化、多元化成为新的消费趋势，商业模式创新成为很多企业新的利润源，"商业模式创新"这个词在商业界和媒体界越来越流行。但是商业界和媒体界所说的商业模式更多地指企业的盈利模式，学术界对商业模式尚没有明确统一的定义。

　　目前应用较为广泛的定义有三种：Johnson① 将商业模式定义为"代表着特定商业为客户和企业自己创造和传递价值的一种描述"；Chesbrough② 将商业模式描述为"一种有用的框架，用来把商业构想和科技与经济产出联系起来。商业模式的核心包括两个重要部分，即价值创造和价值获取"；Osterwalder 和 Pigneur③ 认为"商业模式是企业如何创造价值、传递价值和获取价值的原理"。无论是哪种定义，商业模式都与企业的组织方式、运营方式及价值创造相联系，可以认为商业模式就是企业通过一定的组织架构和运营方式实现价值创造的过程。

　　商业模式创新是指企业价值创造提供基本逻辑的变化，即把新的商业模式引入社会的生产体系，并为客户和自身创造价值。新引入的商业模式，既可能在构成要素方面不同于已有商业模式，也可能在要素间关系或者动力机制方面不同于已有商业模式。具体而言，这种商业模式创新既可以包括企业组织结构的再造，也可以是运营方式的变革，还可以是盈利模式的创新，但无论是哪种模式创新，都是以增加企业的价值创造为前提。

　　商业模式创新通常是技术进步和市场竞争的结果。随着信息技术的飞速发展，互联网日益普及，大数据、云计算等技术的发展使得信息不对称局面大幅改观，企业之间的市场竞争更为激烈，在技术进步和市场竞争的双重作用下，突破地理空间障碍成为可能，缩短流通环节成为现实，推动商品种类更加丰

　　① Johnson M. , "Seizing the White Space：Business Model Innovation for Growth and Renewal", Boston：Harvard Business School Press，2010.

　　② Chesbrough H. , "Open Business Models：How to Thrive in the New Innovation Landscape", *Boston：Harvard Business School Press*，2010.

　　③ Osterwalder A. , Pigneur Y. , *Business Model Generation：A Handbook for Visionaries*, *Game Changers*, *and Challengers*, Hoboken：John Wiley & Sons，2010.

富，流通成本受到压缩，新的创业模式层出不穷，这些商业模式创新正在深刻地改变着传统的企业组织架构、运营方式和盈利模式，从而提高企业的价值创造能力，增强企业竞争力，另一方面也在提升消费体验，促进消费升级。

2. 商业模式创新与品质消费的关系

商业模式创新就是通过创新企业组织模式、运营方式或盈利模式以实现企业价值增值的一种新型商业模式。品质消费，目前学术界尚没有形成清晰明确的定义。就消费的属性而言，消费的最终目的是满足消费者效用，从这个意义上看，在居民可支配收入给定的前提下，能够给消费者带来更好购物体验、更多精神享受的消费就可以视为品质消费。比较简单的理解，就是居民的消费需求不再只局限于满足最基本的生存需要，消费者更加注重商品品质和服务质量，更加注重品牌和美誉度。前者最终目的是增加企业的价值创造，主要针对商品供给方而言；后者最终目的是提高消费品质、增大消费者效用，主要针对消费者而言。

在市场经济体制下，商品供给侧和需求侧通过市场机制的资源配置作用而联系起来，实现供需匹配。在供需原理作用下，商业模式创新和品质消费就建立了联系。准确地说，商业模式创新可以促进品质消费。

一方面，商业模式创新是建立在原有的商业模式基础上，这种模式创新通常可以降低企业运营成本，使创新企业获得远超同行的超额利润，只要创新企业所获得的利润超过原有商业模式下的利润，创新企业就有动力降低商品价格，以扩大供给规模，提高利润总额。而在给定的可支配收入水平下，商品价格的下降意味着消费者购买力的增加，也就是商品价格的下降可以给消费者带来收入上的财富效应，这种实际财富的增加可以促使消费者购买更多的高品质商品，必然带来更多的消费者剩余，推动消费升级，提升消费者效用。

另一方面，能够发展壮大的商业模式创新相对于传统的商业模式一定具有更高的效益，在相同的成本约束下，新的商业模式必然能够提供更好的产品或者服务质量，否则这种创新根本无法和原有的成熟商业模式竞争。从这个意义上讲，商业模式创新本身就意味着更好的产品或者服务质量、更高的性价比、更具有市场竞争力的利润空间，而更具市场竞争力的利润空间正是提供品质消费的前提，更好的产品和服务质量、更高的性价比则是品质消费的题中应有之义。

总之，在市场竞争条件下，商业模式创新通常可以增大消费者剩余，提高消费者效用，促进居民的品质消费。

（二）商业模式创新的动力和途径

1. 商业模式创新的动力

任何一项经济活动都需要一定的外部力量推动，商业模式创新也是相关行为主体在一定的动力驱动下进行的。一般认为，商业模式创新的主要动力可以归纳为四个，分别是技术推动、需求拉动、竞争逼迫、企业家才能。

（1）技术推动

技术被认为是推动商业模式创新的最主要、最强大的动力，每一次商业模式变革背后，通常都伴随着技术进步。

消费要解决的问题是商品交换，商品交换一般包含交易场所、交易时间、交易品类、交易方式等要素，商品交换的障碍在于时间和空间的跨越，一方面，生产者生产出的商品到消费者手中需要一定的时间；另一方面，产品从生产者手中转移到消费者手中需要跨越空间。技术的进步通常可以改变交易场所，极大缩短交易时间，扩大可交换的商品种类，提升交易的便捷性，从而提高消费者的效用，实现价值增值。

今天的商业模式创新相当一部分都是技术变革，尤其是信息技术发展推动的。互联网、移动互联网、电子支付、大数据、物联网、人工智能等新兴信息技术层出不穷，在这些技术的推动下，交易场所、交易时间、交易品类都可以被重构、优化，颠覆传统的交易方式和盈利模式，形成新的利润增长点，孵化出新的商业模式。比如，互联网的普及打破了交易双方的空间阻隔，使得交易可以从线下转移到线上，催生了电子商务这种新的商业模式；卫星定位技术、电子支付技术以及移动互联网技术的进步使得基于位置的服务（LBS, location-based service）成为可能，推动了O2O模式的诞生；人工智能和物联网技术的发展则可以让机器变得智慧，极大缩短交易时间，推动着无人零售模式不断成熟。

（2）需求拉动

任何一种商业模式，最终要达成的目的还是交易，交易的前提在于市场需求，对市场潜在需求的敏锐洞察，往往能催生出新的商业模式。因此，对市场需求的迎合是拉动商业模式创新的又一重要动力。

有些企业没有使用任何新的技术，只是满足了消费者一直存在但长期被忽视或未得到满足的需求，开创了新的商业模式，从而实现了价值增值。比如一般认为航空服务只要针对长距离出行，但是美国西南航空率先提供了廉价短途航空旅行服务，形成了独特的竞争优势；一般的饮品店只提供饮品，但是星巴克还创造性地为消费者提供可承受的能够放松、交谈及参与的聚会场所，凭借对消费者额外需求的满足，逐步成长为世界知名品牌。而全球知名的牛仔品牌李维斯（Levi's）的诞生也是需求拉动的结果，品牌创始人李维·斯特劳斯原本只是给矿工卖搭建帐篷的帆布，发现了矿工对耐磨耐穿裤子的需求后，进行了横向多元化扩张，从卖帆布到卖牛仔裤转型，实现了商业模式创新。

在市场潜在需求的拉动下，在现有技术的基础上，通过对现有商品或服务或经营策略的调整，满足消费者的潜在需求，实现价值增值，这种商业模式创新就是需求拉动的模式创新。

（3）竞争逼迫

技术进步推动、市场需求拉动，这是促使市场主体有意识地推动商业模式创新的两种常见动力，除此之外，激烈的市场竞争也可能逼迫一些企业做出经营策略的改变，从而催生新的商业模式。

根据 IBM 公司 2006 年所做的对全世界 765 家公司高管的一项调查，大约 40% 被调查的企业高管担心竞争对手的潜在商业模式创新有可能从根本上改变行业前景，颠覆行业格局，因此希望自己的公司能够参与和掌控这种创新。这种市场竞争倒逼下的商业模式创新并不鲜见，中国最大的 B2C 电子商务平台淘宝就是这种竞争逼迫推动商业模式创新的典范。2003 年 5 月，淘宝上线，彼时美国 eBay 已经占据了中国刚刚兴起的电子商务市场约 2/3 的市场份额，淘宝为了同 eBay 竞争，被逼采取了免费吸引商家入驻淘宝商城的策略，开创了不靠租金靠广告流量的电子商务平台模式。

（4）企业家才能

企业家是商业经营决策的主体，商业模式创新离不开企业高管的支持和推动，因此企业家才能——尤其是企业创始人的商业嗅觉——也是推动商业模式创新的重要动力。

以共享单车为例，共享单车的出现固然离不开技术的进步，虽然在美国出现更早，但在中国大学校园这项技术才真正开启商业实践，这与以戴维、胡玮炜为代表的国内共享单车创业者的商业嗅觉和战略眼光是分不开的。而淘宝商城这种电子商务平台模式的成功也离不开创始人马云及其高管团队的非凡商业才干。

2. 商业模式创新的途径

商业模式创新有很多种方式，但是归纳起来，主要有三种，分别是重新定义顾客、改变收入模式、改变产品和服务的供给路径。

（1）重新定义顾客

萨伊认为，供给可以创造需求。作为商品或服务的供给方，其所供给的商品和服务就决定了其面向的细分市场，也就是定义了顾客类型。然而，现实生活中消费者的需求总是在不断发生变化，企业需要根据这种动态变化不断选择新的细分市场，为消费者提供更新、更快、更好、更全、更个性化、特色化的产品和服务，帮助企业更好地适应顾客需求，实现差异化、特色化的服务，获取潜在的利润。比如春秋航空，为了避开与大航空公司的竞争，重新定义了出行顾客，将目标市场瞄准了观光度假旅客和中低收入商务旅客，仅对顾客提供最基本的服务，如在飞机上仅提供一瓶免费的矿泉水等，以此来实现降低机票价格"省之于旅客，让利于旅客"，创造了"廉价航空"商业模式。

（2）改变收入模式

通常，产品或者服务的供给方总是从消费者手中获取收益，但是也有一些聪明的企业家创新商业模式，改变了收入模式，获得了成功。比如 360 软件，为普通消费者提供免费的杀毒服务，不直接从产品和服务中获取收益，而是通过 360 杀毒软件庞大的市场占有率培养用户习惯，进行平台式的软件捆绑，进而通过这些软件巨额的流量入口，导入商业广告，实现流量变现；百度和 QQ 等免费软件同样采用了这种看似免费的模式，实际上通过用户的流量实现了变现；滴滴出行平台没有一辆出租车，也不对注册用户收取费用，但是通过车主收入分成的模式获得了巨额收入；还有一些制造业企业，比如小米，并不通过硬件收入来盈利,而是将硬件作为入口,提供增值服务,培育生态圈,最终实现价值增值。

(3) 改变产品和服务的供给路径

所谓改变产品和服务的供给路径,就是改变原有的流通渠道,主要是改变传统流通模式下的多级代理商模式,从而降低中间环节,减少流通成本。比如 B2C 电子商务模式,直接让消费者和生产商对接,减少了中间供给渠道,一方面可以实现消费者和生产者之间直接沟通,有效避免多级流通渠道下消费者信息反馈失效的弊端,从而推动生产者快速反应,针对性地对产品和服务进行优化升级;另一方面,中间渠道的减少可以免除商品层层流通过程中产生的物流成本,从而降低商品或服务的价格,增加消费者剩余。

(三) 商业模式创新促进品质消费的机理及典型案例

1. 商业模式创新促进品质消费的作用机理

商业模式创新是促进品质消费的重要推动力量,因为一些商业模式创新可以打破空间障碍,从而提升消费的便利性;一些商业模式创新能够丰富商品品类,从而满足多元化的消费需求;一些商业模式创新可以降低流通成本,从而提升消费者的获得感;还有一些商业模式可以增强消费者的参与感,提升消费者用户体验。

(1) 打破空间障碍,提升消费便捷性

商品流通的本质就是商品的跨空间流动和交换。随着技术不断进步,分工变得更为精细,产业不断细化,任何一个消费者都不可能做到完全自给自足,因此产生了商品交换的需要。地理空间的分割是制约商品交换最重要的因素之一,因此产生了商品流通的需要。通过商品流通中介的链接功能,商流和物流得以从生产者手中一级级向消费者手中转移，从而实现商品的跨空间交换。但是传统的商业模式下，流通中介的覆盖面有限，仅通过传统的流通模式，能突破的空间障碍极为有限。另外，随着消费受收入水平的不断提高，对商品种类的需求越来越丰富，对商品的跨区间流动产生了更多的需求。

信息技术的飞速发展正推动商业模式发生颠覆性的创新。现代信息技术催生的新型商业模式，比如，电子商务模式，可以实现消费者和生产者的直接对接，从而简化流通程序，缩短流通环节，从而使得完全打破商品交换的空间障碍成为可能，提升居民消费的便捷性。商品交换空间障碍的突破使得消费者可以有更丰富的消费选择，更便捷的购物体验，从而提升消费品质。

（2）丰富商品品类，满足多元化消费需求

消费的最终目的是满足消费者效用，在给定的预算约束下，消费者倾向于追求更多的消费品类，尤其是在个性化、多元化消费需求推动下，消费者不再满足于同质化、大众化的消费品，对商品品类的要求凸显。另外，不同的文化背景、收入层次、社会层次的消费者有不同的消费观，形成了不同的消费层次，也就催生了差别化、多样化的消费需求，进一步促进了商品种类多样化的需求。

多样化的市场需求倒逼商业模式创新，催生了定制化、C2B2C 等基于消费者需求的新商业模式，丰富了商品品类。另外，信息技术和物流技术的不断发展完善，使得商品可以更加便捷地跨空间跨地域流通，一些原本只能在某些特定区域销售的商品在新的商业模式下可以快速地扩散、流通，尤其是电子商务模式的不断完善，使得一些原来只有城市消费者才能消费的商品可以向农村流通，极大地丰富了农村居民的消费品类，而跨境电商的模式也可以为高端消费者提供更多的商品选择。这些商业模式创新可以为不同消费层次的消费者提供各自所需的商品，满足消费者的多元化需求。

（3）降低流通成本，提升消费者获得感

对于绝大多数商品而言，流通成本最终都会转嫁到消费者身上，推高消费品价格，增加居民消费成本。在传统商业模式下，流通成本过高的主要原因：一是物流企业散多小乱，数据共享不够，空载率高，物流成本过高；二是流通环节过多，中间环节冗杂。

随着信息技术的发展，旨在降低流通成本的商业模式创新层出不穷。比如，B2C 电子商务模式改变了传统的多级流通模式，使得消费者可以直接对接生产商，砍掉了多余的中间环节，从而降低了流通成本；另外，平台模式可以形成规模效应，降低物流成本。这些模式创新可以降低流通成本，从而提高消费者剩余，提升消费者获得感。

（4）增强消费者参与感，提升用户体验

消费品质的提升还体现在消费者参与感的提高。传统的商业模式下，消费者与生产者之间存在多级流通渠道阻隔，信息沟通渠道不畅，信息反馈容易存在偏差，一方面产品品质问题很难准确传递到生产企业，影响产品升级；另一方面，这种模式下，消费者话语权较少，缺乏参与感，个性化需求难以得到满足，用户体验无法保证。

通过社群营销模式、O2O 模式、分享式购物、共享经济等商业模式创新，消费者可以和生产者直接对话，减少多级流通过程中的信息反馈失真，直接参与商品设计，定制个性化产品和服务，实现价值共创和价值分享，从而增强普通消费者的参与感和产品认同感，提升用户体验。比如，小米手机的社区营销模式，通过创建小米社区，凝聚粉丝，让粉丝参与小米手机产品策划和设计，拉近了和消费者的距离，通过提升用户参与感的方式赢得了一批铁杆"米粉"，并通过这些用户的反馈不断优化产品和服务，提升了产品质量和服务质量，提升了消费者体验。

2. 商业模式创新促进品质消费的典型案例

（1）电子商务模式

从实体店到电子商务是现代流通最重要的一次商业模式创新。电子商务模式是指基于互联网技术的以电子交易方式进行的商务活动。目前的电子商务模式主要有三种，第一种是 B2B 模式，第二种是 B2C 模式，第三种是 C2C 模式。其中 B2B 模式是 Business to Business 的简称，指企业对企业的线上交易，阿里巴巴是 B2B 模式的典型代表；B2C 是 Business to Customers，指企业直接面对个体消费者的线上交易，B2C 模式目前比较流行，京东、天猫旗舰店、唯品会等都是以 B2C 模式为主；C2C 是 Customers to Customers 的简称，是消费者直接面对消费者的在线交易模式，目前国内 C2C 模式最典型的代表是淘宝网。

电子商务模式开启了线上消费的新浪潮，在中国，电子商务模式已经成为零售行业最重要的新型业态，以阿里巴巴、淘宝、天猫、京东为代表的一批电子商务企业蓬勃发展，有力推动了国内品质消费，尤其是有力促进了农村居民的消费升级。

第一，电子商务可以突破空间界限的限制，促进商品快速跨区域流通。电子商务的繁荣极大提高了快递需求量，从而为物流产业实现规模经济提供了需求基础，直接推动了物流技术的进步和物流产业的发展壮大，物流产业的发展使得商品的跨空间流通变得更加便捷，一些区域性的特产可以在全国甚至全世界范围内实现流通。

第二，电子商务模式下，消费者可以选择的商品种类更加丰富。电子商务模式下，商品的展示都在线上进行，消费者可以方便快捷地搜索商品，可以快速浏览、比较同一大类下数十种甚至上百种不同特色的商品，需求匹配更加迅速，节约搜寻成本的同时，消费品类成倍数扩大，更容易找到满意的商品。

第三，电子商务模式促进了农村居民的品质消费。在传统的商业模式下，农村消费基础设施相对不足，生活必需品之外的发展型、享受型消费品供给比较短缺，很多农村居民的潜在消费需求囿于商业条件，难以满足。电子商务模式打破了地理空间的障碍，农村居民也可以享受城市居民同等的消费种类，一定程度上有助于缓解城乡居民消费不平等现象，提高了农村居民的生活品质。

第四，跨境电子商务为跨国消费提供了新渠道。海淘、天猫国际、洋码头等跨境电商平台在中国快速发展，为高端消费群体提供了更多优质的国外商品，使得消费者不用走出国门就能买到世界各地的产品，满足了部分消费者对海外优质商品的需求。

此外，网上购物、网上支付，节省了客户与企业的时间和空间，大大提高了交易效率，特别对于工作忙碌的上班族，可以借助移动互联网购物，有效利用碎片化时间。

（2）O2O 模式

O2O 即 Online To Offline（线上线下模式），是指将线下的商务机会与互联网结合，一种是通过在线平台展示商品，同时通过线下实体店吸引消费者进行消费；另外一种是生产企业通过设置线下实体店引导消费者进行商品体验，但是通过线上平台进行交易。目前，O2O 模式在餐饮、生鲜、美甲等生活服务行业发展迅速，尤其是在餐饮行业，以美团外卖、饿了么为代表的 O2O 平台正在掀起一场变革。

O2O 模式作为一种商业模式创新，充分利用了互联网尤其是移动互联网跨地域、跨边界、边际成本无限递减以及及时通信的优势，海量挖掘线下资源，通过基于位置的服务分类进行展示。对商家而言，O2O 模式减少了商家对地理位置的依赖，降低了营销成本，扩大了广告覆盖面，同时可以对出售商品进行动态跟踪和分析，对营销效果进行直观统计和追踪评估，使得目标群体更有针对性，推广效果更加优化，便于商家进行精准营销，更好地维护和拓展客户群体；也有助于商家动态分析消费者偏好，不断优化产品和服务，提高产品和服务质量。对消费者而言，可以更加方便地获得商品信息，随时随地进行消费，既能享受网络购物的便捷，通过线上商品和服务的价格比较，规避信息不对称导致的价格蒙蔽，获得相对优惠的价格，同时也可以享受实体店消费的直观体验，弥补纯粹的网络购物的不确定性；此外，O2O模式的评价机制可以让消费者对商品和服务进行打分评价，从而形成优胜劣汰机制，倒逼商家不断优化升级商品和服务，进而获得较好的消费体验。

（3）共享经济模式

随着社会信用体系的不断健全、卫星定位技术的不断完善以及在线支付和移动互联网的逐渐普及，闲置资源和服务的共享变得更加便捷、高效，共享经济成为资本市场炙手可热的商业模式。所谓共享经济，就是将闲置的资源通过分享以获得收益的一种新型商业模式。这种闲置资源的分享只是使用权的短暂转移，其实质是分时租赁。对于闲置资源的供给方而言，通过在资源闲置的时间内让渡物品的使用权或提供服务，以获取相应的回报；对资源需求方而言，通过分时租、借等方式获得物品暂时的使用权，而不追求所有权。

当前，以滴滴出行、爱彼迎（Airbnb）短租、共享单车、共享充电宝为代表的共享经济模式正广泛地受到消费者追捧，推动了居民消费品质的提升。

共享经济对品质消费的促进作用直接体现在降低消费成本，提高消费的便捷性。第一，共享经济平台具备强大的资源整合能力，可以形成规模经济，节约运营成本，从而增加消费者剩余，提高消费者效用。第二，由于共享经济的消费者可以共同分摊消费成本，省去购买商品或者服务所有权的大额支出，从而大大降低了消费价格。第三，共享经济平台上聚集了大量客源，商品或者服务的提供方更容易获得客源，消费者也可以节约搜寻成本，从而降低供需双方的时间成本，使得消费更为便捷，提升了用户体验，也就提高了消费品质。

共享经济模式对品质消费还具有间接促进作用。通过共享闲置资源，普通消费者也可以成为商品或者服务的提供商，比如通过爱彼迎平台对闲置房屋进行短租、通过滴滴出行平台进行顺风车业务，可以最大化商品或服务供给方拥有的闲置资源的收益，从而使得闲置资源变现，提高消费者的可支配收入，进而提高居民的消费能力，促进消费升级。同时，大量的非标准化的共享商品进入市场，丰富了商品和服务的种类，给消费者提供了更多选择。

（4）团购模式

所谓团购，就是团体购物，即大批量的消费者联合起来联合采购某种商品的一种模式。团购模式最早起源于美国的 Groupon 网站，每天推一款折扣产品和优惠券供用户团购。自 2010 年开始，Groupon 模式被引入中国，以美团、聚划算、百度糯米为代表的团购模式在中国迅速发展，服务范围涵盖餐饮、电影、购物、休闲、酒店住宿、生活服务、本地生活等，有力推动了品质消费。

第一，团购模式可以实现多方共赢。团购模式下，团购网站作为团购平台，可以吸引庞大的互联网用户，长尾效应明显，边际成本极低，单笔交易只需要向商家收取较低的平台佣金就可以维持利润；商家通过团购平台获取批量订单，可以快速大批量出售商品，薄利多销，从而实现规模经济，而且减少了市场发掘成本；消费者则可以通过团购平台以优惠价格买到满意的商品，在相同的预算约束下，可以获得更多的消费者剩余，增加消费者效用，提升满足感。

第二，团购模式促进了定制化生产，更贴合消费者需求。以聚划算平台上的聚定制项目为例，商家可以根据投入产出效益来设定一个生产规模和比较低廉的价格，接受消费者团购订单，如果订单规模能够实现预期效益则生产，达不到预期效益则团购失效。这种模式下，有特定需求的消费者可以通过团购平台将自己的需求提交到商家，形成定制化生产，从而创造了供给。如果不是这种模式，一些小众的消费品或者服务要么因为规模不经济而无法生产出来，要么因为规模不经济而定价过高，团购模式下这种定制订单可以有效匹配供需双方的需求，从而提高消费者效用。

3. 小结

随着信息技术的飞速发展和市场竞争的不断加剧，互联网、在线支付、人机交互、大数据、云计算等前沿技术层出不穷并广泛应用于商业实践，催生了电子商务、O2O、共享经济、团购等商业模式创新，这些商业模式创新改变了传统商业模式下的企业组织结构或者运营模式，重新定义并引领了消费者需求，通过流通渠道的优化和变革改变了传统的产品和服务供给路径，形成了新的盈利模式，实现了企业价值创造的提升。同时，这种商业模式创新通常可以打破传统流通模式下的地理空间障碍，促进商品跨区域流通，丰富商品流通种类，满足消费者多元化的消费需求。另外，商业模式创新通常可以降低流通成本，使得创新企业相较于传统企业可以获得超额利润，在价格机制的作用下，创新企业有动力降低商品价格，从而给消费者带来收入上的财富效应，这种实际财富的增加可以激励消费者购买更多的高品质商品和服务，增加消费者剩余，推动消费升级，提升消费者效用，促进品质消费。

六 物流创新对品质消费的促进作用

　　物流的概念最早形成于美国，起源于 20 世纪 30 年代，是指物品从供应地向接收地实体流动过程中，根据需要将运输、包装、储存、配送、装卸搬运、流通加工、信息处理等功能有机结合起来实现用户要求的过程，从对象上包含了物资物料、商品、废弃物品等一切有经济意义的物质实体，从活动范围上包含了用户服务、需求预测、订单处理、采购、运输、配送、包装、存货控制、仓库管理、搬运装卸、情报信息，以及工厂和仓库的布局与选址等方面。物流是连接生产领域和消费领域的基本经济活动之一，它不仅要解决产品到消费者或者到需求者手中的流通过程，更是从供应链源头开始就影响到消费的各个层面，被喻为"第三利润源泉"。对于消费而言，物流需求的具体内容与消费行为的阶段变化息息相关，它直接影响消费者的购买行为。

　　物流创新，是指凭借先进理论、思维方法、经营管理方式和科学技术手段，对传统物流格局中的各项物流活动的全面改造和提升，从而大幅度地提高物流效能或服务水平，取得最大化的企业经济效益和社会效果。随着人们生活水平的逐步改善，其对商品消费及流通品质的要求也在提升，物流发展开始步入品质提升消费的新阶段。现代物流业既要在快速发展的同时顶住物流成本刚性上涨、管理成本占比高、行业劳动生产率低、从业人员数量庞大难以规范管理等诸多困难带来的压力，同时也必须要基于消费者的需求做出创新，即创新开拓出更丰富的内容，以更好地提升物流服务本身与消费品质。

总的来看，现代物流发展的创新点主要体现在物流制度、物流技术和物流管理三个方面，并从这些方面深刻地影响着中国消费市场的发展，为社会消费规模及品质的提升开辟新的路径。物流制度的创新可以通过建立良好的市场环境和政策条件，激发企业及其员工创新的内在动力，为企业创造价值的同时为消费者提供良好的服务；物流技术的创新可以通过引入先进物流设备和工艺等途径大幅度改善商品活动各环节的运力效能，提高服务水平并降低物流成本，使之更好地服务于社会生产与消费；物流管理的创新可以通过开创新的物流服务产品或改进物流流程等方式来更新服务内容，更好地发挥人、财、物等各类资源的协调作用，缩短整个供应链的响应时间，提高服务水平，为消费者提供个性化、定制化、多样化的创新性高端物流服务体验。

（一）物流制度创新：改善商业物流环境，保障品质消费发展

制度创新是物流创新的前提，具有完善的行业制度创新机制，才能保证物流技术创新和管理创新的有效运行，所有创新活动都需要在制度创新的积淀和持续激励下进行，经过实践后形成新的制度并持续发挥着自己的作用。在当前日益发展的生产和生活环境条件下，人们的消费能力大幅度提高，品质消费观念不断升级，通过创设新的、更能有效激励人们行为的物流制度创新与改革，更好地规范商业物流的发展环境，促进消费市场健康的发展，实现社会经济的持续发展和变革。

1. 中国物流制度的创新

自改革开放以来，中国政府先后颁布了《中国民用航空货

物国际运输规则》《国内水路货物运输规则》《中华人民共和国道路运输条例》等百余部物流法律法规，引导着中国物流行业的健康持续发展，使得中国现代物流业的制度环境经历了从理论探索、实践起步到全面发展的历程。

党的十四大确定了建立社会主义市场经济体制以后，市场配置资源的机制开始发挥作用，传统运输、仓储、物资、商业、货代企业开始探索新的流通模式，社会各界广泛关注现代物流业发展。2001年3月，国家经济贸易委员会等六部委联合印发了《关于加快我国现代物流发展的若干意见》，第一次由涉及物流的诸多部门联合制定出了促进物流发展的政策性指导文件，显明了政府主管部门对现代物流的关注与加快现代物流发展的意向。2004年8月，国家发展和改革委员会等9部门联合发布《关于促进我国现代物流业发展的意见》，完善了物流企业税收管理，规范了市场秩序，取消了物流行业前置行政审批事项，为中国现代物流业的发展指明了方向。2006年3月，第十届全国人大第四次会议批准的《国民经济和社会发展第十一个五年规划纲要》第一次从国家规划层面确立了物流业的产业地位，提出大力发展现代物流业，对中国物流业发展具有里程碑式意义。2009年3月，国务院印发了《物流业调整和振兴规划》，将物流产业列入十大产业振兴规划的服务行业，是中国出台的第一个物流业专项规划，提出要加强多式联运与转运设施工程、物流标准和技术推广工程、物流公共信息平台工程等九项重点工程建设，促进物流产业的发展，该规划的实施有力促进了中国物流业的平稳快速发展。2012年8月，国务院发布《关于深化流通体制改革加快流通产业发展的意见》，对中国全面推进流通产业改革和发展，建立统一开放、竞争有序、安全高效、城乡一体、具有中国特色的现代流通体系指出了方向。2014年9月12日，国务院印发了《物流业发展中长期规划（2014—2020年）》并确立了这一阶段中国物流业的发展原则为"市场运作、政府引导；优化结构、提升水平；创新驱动、协同发展；节能减排、绿色环保；完善标准、提高效率；深化改革、整合资源"，主要任务为降低物流成本，提升物流企业规模化、集约化水平，以及加强物流基础设施网络建设。这些直接面向物流领域政策制度的推行顺应了中国"十三五"规划中关于"创新、协调、绿色、开放、共享"的五大发展理念与时代潮流，为中国物流企业如何开展经营创新指明了发展方向，有利于解决中国物流产业升级中面临的各类问题及其在保障居民消费升级过程中的出现的各类矛盾。

当前，中国供应链正在不断地进行供给侧结构性改革，消费领域物流需求已逐步发展成为物流需求的重要推动力。2018年，中国单位与居民物品物流总额同比增长22.8%，比社会物流总额增速高出16.4个百分点。在当前这样社会经济条件日益发展的大环境下，人们的消费能力大幅度提高，品质消费观念不断升级，通过创设新的、更能有效激励人们行为的物流制度，可以更好地规范商业物流的发展环境，培养企业员工树立共同的价值观，提高员工对于企业的归属感，进而更好地激发物流服务企业及其员工的内在创新动力，实现消费经济的持续发展和变革。

2. 供应链及其他相关制度的创新

在国家大力鼓励物流的政策支持下，中国物流业各项服务水平迅速提高，供应链上下游产业深度融合，供应链战略成为中国重要的国家战略，整个供应链的流通服务向着标准化、智能化和专业化的方向迈进。特别是党的第十九次全国人民代表大会上，习近平总书记提出在现代供应链领域培育新增长点、形成新动能，这表明中国经济开始由高速增长阶段转向高质量发展阶段并在转型升级发展过程中进入到供应链创新时代，政府高度重视现代供应链对于消费行为的创新引领作用。

2015 年 11 月，习近平总书记在主持召开中央财经领导小组第十一次会议时提出供给侧结构性改革的概念，2016 年 1 月，中央财经领导小组第十二次会议研究了供给侧结构性改革的方案。这是推进中国经济结构性改革的一项重要举措，也是中国物流及供应链制度改革中的一个新方向，主要通过削减过剩的产品库存与产能，提高供给效率，保证有效供给，满足群众期望与需求，进而促进行业的可持续健康发展。物流业属于第三产业，两端分别是供给和需求，对于消费者而言属于供给方。随着物流的个性化服务需求以及物流外包占比的不断增长，物流业与消费端的联系越来越密切，物流供给侧改革能够解决实际运作过程中的物流供给结构性矛盾问题，减少商品流通环节，促进商品流通，推动物流业健康有序发展，同时也能保证市场供需平衡，有效提升产品附加值，促进供应链消费端的转型与发展。

2016 年 12 月，商务部、国家发展和改革委员会等 10 部门印发了《国内贸易流通标准化建设"十三五"规划》，结合"十三五"内贸流通发展的重点任务，提出了加快推进流通环节供给侧结构性改革，强调消费促进、流通现代化和智慧供应链等主题，开展零售业提质增效专项行动，推动城市分拨中心、共同配送中心等设施标准化建设，推进农产品流通、商贸物流、电子商务、重要产品追溯等重点领域的标准化建设等。该规划从国家深化标准化工作改革及国家标准化体系建设发展规划的要求出发，对中国消费和物流等行业的标准化管理制度和工作机制提出了发展要求，有利于促进中国物流与消费协同发展，促进内贸流通供给侧结构性改革。

2017 年 8 月，商务部和财政部印发了《关于开展供应链体系建设工作的通知》，从物流基础设施、单元标准化流通，信息化与智慧供应链、重点行业供应链协同以及绿色技术模式等方面提出了当前中国现代供应链体系建设的主要任务。这项政策的实施将大大提高流通标准化、信息化、集约化水平，对进一步发挥流通产业的基础性、先导性以及促进中国供应链物流与消费的深度融合有深远的意义，对进一步保障基本消费、满足中高端消费、扩大服务消费有重要的指导意义，引导供应链消费发展产业政策日趋走向完善。

2017年10月，国务院办公厅印发了《关于积极推进供应链创新与应用的指导意见》，将供应链创新与应用上升为国家战略，对整个物流产业和企业的变革发展提出了很多新的发展思路，同时还传承了党的十九大"在现代供应链领域培育新增长点、形成新动能"的行业发展思路，部署了供应链创新与应用的有关工作，明确了现代供应链的主要创新目标。该政策的实施将极大地促进了中国产业组织方式、商业模式和政府治理方式的创新，推进了供给侧结构性改革，推动了中国供应链发展水平全面提升，为支持信息、绿色、时尚、品质等新兴消费以及建设大数据支撑、网络化共享、智能化协作的智慧供应链体系等方面提供了行动指南。

2018年4月17日，商务部等八部门联合发布了《关于开展供应链创新与应用试点的通知》，通过试点发挥龙头企业示范效应，促进物流产业更好地面向消费进行转型升级。

2018年5月28日，商务部、财政部发布了《关于开展2018年流通领域现代供应链体系建设的通知》，提出流通领域现代供应链体系建设将重点围绕与消费关系密切的城市消费品供应链进行。

2019年3月1日，国家发展和改革委员会等部门发布《关于推动物流高质量发展促进形成强大国内市场的意见》，着力营造物流业发展的良好环境，促进实体经济发展，强调物流高质量发展对经济高质量发展与形成强大国内市场的重要作用。

这些相继出台的国家层面的供应链相关政策措施接连落地，为中国供应链的高品质物流及消费发展都提供了良好的发展环境。

　　良好的政策制度环境本身就是创新的产物。在国家不断出台鼓励物流及其相关产业发展的利好政策制度背景下，中国消费物流总额实现了快速的增长趋势。物流及供应链政策制度的大环境促进了产业结构调整和经济发展方式转变，充分发挥出了各方面的积极性，引领和进一步激发出多元、多层次、多功能的消费升级，而升级后的消费经济又带动物流经济升级，促进了中国物流及供应链产业需求的发展，以此形成中国社会经济发展的良性循环模式。

　　从当前社会物流及其相关产业发展的扩容趋势来看，中国物流业发展处在不断完善供应链环境的整改过程中，消费处于供应链商贸流通的末端环节，因此，保障基本消费、促进高品质消费是物流及其相关制度创新的重要目标。

（二）物流技术创新：推动物流行业变革，提高消费物流效率

　　伴随着品质消费新需求，人们消费需求更加注重商品和服务质量，也更加注重文明进步和环境保护，智能化已经成为消费升级的重要趋势。"互联网＋"趋势势不可挡，物流技术上的创新层出不穷，主要体现在信息化技术、人工智能技术、绿色物流技术等方面，这些物流技术上的创新大大地改善了商品流通效率、成本控制、城市规划、安全管控以及客户服务体验等方面，较好地解决了"最后一公里"配送难题以及"当日达""次日达""2小时极速配送"等配送效率问题，在绿色共享理念下不断促进了品质消费的向前发展。

1. 信息化技术创新

随着信息技术的快速发展、国家政策的大力推动以及市场

需求的持续拉动，物流领域的信息化技术得到了越来越广泛的重视与应用，促进着物流产业的变革与发展。2016 年 7 月 20 日，国务院总理李克强在国务院常务会议上说：要推动互联网、大数据、云计算等信息技术与物流深度融合，推动物流业乃至中国经济的转型升级，这也是物流业发展中重要的"供给侧改革"。物流业属于第三产业，信息技术的应用能够很好地解决其服务供给运作过程中的诸多结构性矛盾，增加设备运力效能，减少商品流通环节，有效提升产品附加值，进而更好地服务于消费促，推动供应链消费端品质的升级。

信息化技术是现代物流管理中发展最快的技术领域，物流企业借助计算机技术、网络通信技术、信息分类编码技术、条码技术、射频识别技术、电子数据交换技术、全球定位系统、地理信息系统等，对物流过程中产生的全部或部分信息进行采集、分类、传递、汇总、识别、跟踪、查询等，以实现对货物流动过程的有效控制，从而降低成本、提高效益。自动识别技术是物流信息化技术中的重要组成部分，主要包括条码技术、无线射频技术、磁识别技术、生物识别技术及图像识别技术等，通过与自动扫描装置连接后，将物流活动中的信息数据自动识读、自动输入计算机中，快速、准确、可靠地采集好数据，进而服务于生产、销售等供应链的各个领域，实现资源共享，从而提高信息的利用率，为科学决策服务。自动识别技术的应用加快了物流信息的收集以及整理效率，有利于实施更精准、有效的物流管理工作，对于提升物流管理的精准性以及进一步拓宽服务消费空间、优化服务消费供给具有积极意义。

物联网技术在智能物流的应用，主要集中在物品跟踪、目录管理、自动接收、自动装运、电子产品码等方面。物流业作为供应链中紧密联系消费的服务性产业，依赖于物联网技术的全面应用，进一步满足了越来越高的物流需求，实现了智慧物流，促进了消费。在物流业，物联网在物品可追溯领域技术与政策等条件已经成熟，物联网 RFID 技术不需要人工干预便可以识别目标并获取数据信息，操作快捷便利。利用 RFID 等技术可以实现物流信息共享，保证信息传递准确、便捷，提高运输、包装等物流各个环节的工作效率，实现物流与资金、信息、商流的有效融合，降低物流成本，提升物品生产到消费的整体效益，促进物流业与商业的联动发展，促进品质消费。

5G 技术是最新一代蜂窝移动通信技术，中央经济工作会议把 5G 技术、人工智能、工业互联网、物联网等新型基础设施建设列为 2019 年经济建设的重点任务之一。5G 技术应用于物流产业，能够面向供应链提供更高的网络通信效率、更少的时延、更多的连接数、更快的移动效率、更高的安全性以及更灵活的物流业务部署能力，使物联网技术得以真正实现云端协同，实现实时信息处理，推动物流行业进入以自动化与网联化为典型特征的智能物流时代。

在高效的自动识别技术、通信互联网技术以及计算机软、硬件系统支持下，全球定位系统和地理信息系统可以对物流的运输载体及物流活动中涉及的物品所在地进行跟踪，对其位置信息以及周围有关地理分布数据进行采集、储存、管理、运算、分析、显示、描述，从而达到及时跟踪货物物流状况、优化运输路线、整合资源，以及保障整个物流过程的有效监管与快速运转等目的。在物流活动的过程中，地理信息系统与全球定位系统能够很好地实现动态物流信息的采集与控制，为物流活动提供充足完善的信息支撑和参考，管理者可以利用这些信息对整个物流活动进行科学全面的分析优化，以最合理经济的方式对货物进行周转流通，降低物流过程的盲目性，保障货物的安全性，进而大大提升货物消费物流的满意度。

大数据和云技术是一项新兴的数据采集技术，目前已经渗透到物流领域的各个环节之中，给物流的发展带来了更多的机遇。物流企业运用大数据技术能够及时捕捉到商品的生产、供

应商、市场、流量、流向、消费者购买、消费者行为习惯、竞
争对手等方面的数据，通过云计算技术、并行处理技术、分布
式存储等对数据进行分类管理和挖掘，找出对商品流量流向、
流通结构影响最大的指标，从而达到调整商品流通结构以及控
制商品的流量流向、核心节点与通道的目的。对物流企业而言，
合理地运用大数据技术，对企业客户关系维护、资源配置等方
面都将起到积极作用，能更好地帮助企业预测商品未来的需求
情况，开拓新市场，扩大业务范围。对于供应链而言，通过大
数据预测分析可以提高物流供应链的灵活度，塑造差异化的物
流服务，提高客户的满意度，规避供应链风险，促进消费升级
并为消费提供安全的运营保障。

信息化是现代物流的灵魂，信息革命为物流行业向信息化
和现代化方向发展提供了强大助力。信息化技术创新大大地推
动了消费市场的发展，特别是5G技术的到来，新一代物流信息
技术将更加充分地赋能于运输、仓储、配送、搬运、包装等物
流环节，向上游企业和消费者提供更好的物流服务，在降低人
工成本从而降低商品的购买价格的同时，也极大地提高了物流
作业效率和服务品质，在物流与消费的结合中成就了高、大、
上的高品质消费。

2. 人工智能/智慧物流技术创新

近年来，随着电子商务和新零售业态的迅速发展，物流运
输需求不断增长，货物配送压力不断上升，使得互联网巨头和
物流企业不得不加快推进新技术应用。在此趋势下，物流自动
化、智能化趋势日益显著，无人机配送、物流机器人、无人仓/
无人配送中心等人工智能技术正在推动着物流行业的技术变革，
深刻并持续地影响着中国消费市场的发展。

当前，无人机配送技术发展是物流技术创新的风向标，京
东、苏宁、亚马逊、阿里菜鸟、顺丰、DHL等知名企业均已经

开始使用无人机进行物流配送。根据相关数据显示，截至 2018 年 6 月底，京东的无人机配送总计飞行两万余架次，总航时 40 万余分钟，总航程超过 12 万公里，业务领域从末端的最后一公里服务扩展为干线、支线、末端的三级物流体系；苏宁物流无人机截至 2018 年 6 月已在乡村飞行距离超过了 5 万公里，末端服务基本可实现常态化运营状态；阿里菜鸟的无人机可以在采茶季节往返于杭州狮峰山与西湖炒茶中心之间，运输新采摘的狮峰龙井茶叶；顺丰从 2012 年开始就在无人机方面进行了布局，其旗下公司又于 2018 年 3 月取得了民航华东地区管理局颁发的国内首张无人机航空运营（试点）许可证，成为国内第一个有证的物流无人机运营企业；亚马逊在无人机配送方面申请了临时停靠技术的专利；德国邮政敦豪集团的物流无人机则可以在完全没有人类的帮助下，自动地将包裹站的包裹带到另一个包裹站。可见，中国无人机配送技术已经进入到了快速发展的阶段。从配送成本来看，无人机配送比原来的一辆车、一个快递员更能节约成本，使之减少至少 30%，从服务和体验来看，无人机配送提升了物流配送的效率，加快了消费体验的速度，疏通了传统物流难以到达的地区，进而促进了人们的高品质消费。

　　物流机器人的投入是物流行业中一种非常先进的作业方式，集合了物联网技术、人工智能技术和机器人技术，具有很好的柔性和交互性等特点，目前在物流仓储和配送中应用的比较广泛，其中智能拣选、搬运、分拣最为常见。例如，亚马逊的机器人 Kiva 能够搬起超过 3000 磅的商品在物流中心自由行走，并根据无线指令的订单信息将货物所在的货架从仓库搬运至员工处理区，三倍以上地提升了作业效率且准确率为 99.99%。苏宁物流的仓储机器人 M100 采用了 SLAM 导航，可以完全自主地无轨导航，不需要二维码、色带、磁条等人工布设标志物，10 分钟即可贯穿数万平方米的仓库。谷歌 2016 年推出的新版机器人

Atlas，可以迅速识别货物和帮忙搬运货物，具有极好的平衡控制能力、自我导航以及目标识别能力，可独立穿越气候条件或崎岖不平的山坡上，不需要外接电线获取动力而且非常细致灵活，还能完成开门、拾物、蹲下等拟人的动作。物流机器人的投入使用是物流产业智能化发展过程中的一个质的飞越，未来随着越来越多的机器人不断投入物流行业，即便是恶劣环境中的最后一公里极速配送或者应急物流也能轻松解决。

无人仓/无人配送站是现代信息化技术在物流仓储中的创新应用，实现了货物从入库、储存、分拣、包装到出库等流程的智能化运作。物流无人仓在中国的发展速度很快，能够轻松解决货物分拣、仓储等环节的效率问题。例如，京东集团的"亚洲一号"无人仓，仓库车间拥有300个分拣机器人，可以24小时不停地运转，每天处理超过20万个订单，整体运营效率较传统仓储提升10倍。菜鸟天猫超市也建有专用物流无人仓，日拣货数量达到100万件以上，其自动化分拣系统非常精准而且高效，可将原订单处理效率提高30%以上。苏宁也有自己的"仓到仓的无人解决方案"，在物流园区使用挂载能力40吨重的集装箱智能卡车行驶于各道路之间，最高时速可达80公里，能够自动规划行驶路线和躲避障碍物。可见，中国无人仓技术已经从自动化阶段进化到了智慧化阶段，仓储分拣模式发生了巨大改变，由"人找货"变成了"货找人"的智能模式，在未来发展中，无人仓将会更加倾向于精准服务消费者，促进高品质消费。

以"互联网＋"为核心的新一代科技革命，让传统的物流产业转型成为了智慧物流，这种人工智能技术通过与互联网/互联＋技术、大数据技术、智能硬件深度融合的模式，使得最后一公里配送难题有效解决、传统拣货效率提高三倍以上，成就了当日达、次日达、天猫超市1小时送达、盒马30分钟送到家、两小时极速上门退货等现代配送模式，为生产、流通和消费领域的发展都开辟了新的道路。

3. 绿色物流技术创新

绿色物流技术是指能够节约资源及保护环境的物流技术，包括绿色运输技术、绿色配送技术、绿色仓储技术、绿色包装技术、绿色流通加工技术、安全防伪科技、食品溯源科技、逆向绿色物流科技、物联网技术等方面。绿色运输技术方面主要以节约能源、减少废气排放为目标，涉及合理选择运输工具和运输路线，改进内燃机技术，以及使用清洁燃料提高能效等节能减排技术；绿色仓储技术主要通过仓库布局合理，以减少对所在地环境影响并节约物流仓储成本；绿色包装技术通过使用环保材料、提高材质利用率、设计折叠式包装以减少空载率、建立包装回用制度等方式，节约资源，降低废弃物排放；绿色流通加工技术主要通过变分散加工为专业集中加工等方法集中处理流通加工中产生的废料，以规模作业的方式来提高资源利用效率，减少环境污染；安全防伪科技可通过结合当前主流的数码防伪技术、条码技术等为客户提供安全有效的产品防伪物流一体化服务；食品溯源科技能够提取供应链生产、加工、流通、消费等环节中的公共追溯要素，通过建立食品安全信息数据库最终达到食品安全控制的目的；逆向绿色物流科技将广泛散落于各个领域、品种繁杂、性能各异甚至脏污了的废弃物收集起来，经过初加工（分类、清洗、剪切等）后可以供应给再生利用企业，最终经过一系列加工处理使之成为新的产品。

近年来，中国绿色物流发展明显加速，中国物流企业也在绿色物流技术方面做出很多创新性的举措。例如，京东先期投入 10 亿元建绿色物流基金，推进低碳环保项目的探索与应用，加速供应链的绿色升级，不断优化供应链作业流程，在"包装耗材""新能源设施""绿色终端"和"绿色公益"等方面均已形成了科技化、专业化和规模化的效应；菜鸟联合环保部等相关部门在厦门建立了全球首个绿色物流城市，并联合阿里巴巴公益基金会、中华环境保护基金会、中通、圆通、申通、天天、百世快递、韵达等主要快递公司共同发布了"中国绿色物流研发资助计划"，从物流包装的轻量化、循环利用、替代使用等领域着手，促进绿色包装升级，推进绿色物流体系建设；苏宁物流推出了 2.0 版共享快递盒，可在末端投递环节代替纸箱循环使用，升级后的快递盒本身也是绿色环保的，其使用的是环保高科技材料，重量轻、无毒、无害、结实，回收再循环率可达100%；顺丰物流投入了大量的新能源运营车辆进行物流配送，还通过对物料的标准优化及业务模式的调整降低了原材料的使用量，大大降低了包装材料中的 PE、PP 以及原纸类材料的消耗量，并通过飞行计划、电子飞行包、航路规划等优化项目和飞机刹车系统改进等手段，每年能够节约 2000 吨航油；邮政 EMS 积极推行采用高效能燃料的新能源汽车进行投递服务，来降低汽车运输过程中的碳排放，并采用信息化和智能调度系统指导快递的投递路线等，向实现绿色快递目标迈进了一大步。

在物流产业不断创新发展、智能融合、技术推动的新形势下，物流企业更加自主地参与到绿色环保活动中，对于现代物流企业而言，开展绿色物流已成为其重要的社会责任。同时，公众的环境意识也进一步觉醒，人们的环保意识越来越强，绿色物流与绿色制造、绿色消费一起，形成了一个节约资源和保护环境的经济循环新模式。通过绿色物流技术创新，可以更好地对物流环境的净化，更好地衔接绿色高端消费，促进品质消费的可持续化发展。

（三）物流管理创新：搞活服务流通模式，引领消费结构升级

管理创新是指在特定的时空条件下，通过计划、组织、指

挥、协调、控制、反馈等手段，对系统中的生物、非生物、资本、信息、能量等资源要素进行再优化配置，并实现人们新诉求的生物流、非生物流、资本流、信息流、能量流目标的活动。物流管理创新的主要内容是应用新的管理思想对物流活动进行计划、组织、指挥、协调、控制和监督，甚至改变现有的服务流程与服务产品，使各项物流活动实现合作与协调开展，从而提高物流水平或增加服务的附加价值。

在人们需求层级不断向高位跃迁的今天，需求导向引领下的多元多层、多功能的消费升级随即而生，但由于产品销售与物流服务基本上都是捆绑在一起的，消费者最终都要通过物流服务来完成其消费过程，因此物流服务的品质直接关系到需求者的消费体验，影响消费者的获得感、幸福感和安全感。特别是在商品质量相对稳定均衡的情况下，消费者开始趋向于追求个性化、定制化和多元化的商品和服务，物流管理创新通过共享物流管理模式创新、新零售物流管理方式创新以及物流供应链一体化管理创新等方式，为顾客提供高质量和差异化的服务包，衍生出特色的配送新服务并以此来吸引消费者的眼球，创造出新的服务附加值。

1. 共享物流管理模式创新

在当前不断发展的社会经济条件下，人们的消费能力大幅度提高，消费市场需求的个性化、多样化迫使物流等生产性服务产业不断地进行自我更新，组织管理创新模式逐渐走向成熟。大众参与、共享消费是近年来新兴的一种共享型组织管理模式，可以有效整合和连接碎片化的社会资本，促进资源需求与闲置资源之间的双向共享和互动。

众包物流作为一种第三方配送共享模式，其运作理念就是通过整合社会闲散运力资源，开展最后一公里配送等服务，实现物品的快速配送。在"互联网＋"浪潮下，众包商业模式得以迅速发展，这种模式的运营不仅为各大商家创造了可观的利润，还在衣食住行等方面为广大 C 端用户带来了便利。目前，人人快递、达达配送、美团外卖、蜂鸟配送等电商平台，都在采用众包物流模式进行配送。其中外卖行业是众包物流服务的最早进入者，比如 2015 年 10 月正式运营的蜂鸟物流（蜂鸟众包），通过百度外卖、美团外卖、饿了么之类的即时配送平台推出了即时配送物流，附近的送餐人员通过软件抢订单，从而获取周边商家的配送单，接单后前往餐厅取餐，并送达至订餐客户手中即完成整个配送流程。众包物流的本质其实就是"互联网＋物流"，它是基于物流资源整合的物流思想所做出的一种管理方式创新，相比于其他快递和物流企业更能突出实时回应与急速配送物流服务。在众包物流这种创新的物流管理模式下，配送人员只需通过手机完成注册、接单、配送过程，就可完成订单的配送任务。可以说，众包服务为人们带来了更加快捷和方便的生活环境，引领了人们品质消费的新时尚，并且已经对现代产业产生了颠覆性的影响。这种众创众筹、共享分享类新兴平台的兴起，唤醒了社会闲散个体的供给能力，激起了人们的消费能力和创新能力。在个性化和高端化的消费需求被不断深挖和满足的同时，众包物流也促进了以"大众广泛参与、碎片资源共享、生产消费一体化"为核心价值的共享消费模式快速普及，实现了"体验式消费"向"参与式消费"的巨大转变。

2. 新零售物流管理模式创新

随着大数据、移动支付、虚拟现实等技术革新的到来，新零售等销售模式进一步开拓了消费市场，让消费不再受时间和空间制约，而物流在整个零售环节、供应链环节中发挥的作用越来越大，成为保证线上线下高度融合的重要因素。新零售物流管理是基于大数据以及物流信息集成技术对物流活动的自动化、信息化管理模式，随着信息化、智慧化技术的成熟应用，这种新型的零售物流模式对零售的高效运营与成本节约起到了统领全局的作用。

在中国，电商零售、传统百货、购物中心、大型超市、便利店等，面对当前不断变化的消费市场，都开始涉足新零售业态。在 2018 年中国零售业百强的前五名（天猫、京东、拼多多、苏宁易购、大商集团）中，天猫、京东和苏宁这几大综合电商巨头目前已依托资本、流量与技术等方面的支持，积极发展线下实体店铺，开始布局新零售生态。

阿里巴巴的自营生鲜类商超"盒马鲜生"，在其门店后面布局了一个物流配送中心来支持线上销售，基于互联网技术下的新零售物流管理方式保证了门店中实时更新的电子价签与线上价格统一。这种线上线下的高度融合很好地解决了 B2C 生鲜电商对易腐商品损耗无法有效控制，导致最后品类越做越窄、只能卖一些高价商品而无法解决消费群体日常消费的痛点。盒马物流在采购共享、仓储系统共享、客流订单共享上的创新，克服了生鲜类商品运营的物流成本高、损耗率高等难点，成功地降低了成本和提高了配送效率，引领生鲜类商品消费不断升级。

在共享经济推动下，京东集团依托"互联网 +"技术大力发展新零售物流管理模式，并充分利用了自身在物流体系和物流管理上的优势，于 2015 年打造出一个新型的 O2O 零售平台——"京东到家"。这项服务整合了各类 O2O 生活类目，向消费者提供生鲜及超市产品的配送，是能够实现 2 小时内快速送达的高效配送。2017 年 4 月，京东 O2O 服务平台正式发布"零售赋能"战略，通过流量赋能、效率赋能、用户运营赋能以及强大的配送能力，向传统零售行业提供互联网升级解决方案。这种基于传统 B2C 业务模式向更高频次商品服务领域不断延伸而发展出的物流模式，能够为消费者提供高品质的一体化物流服务，更加满足人们品质消费的心理。

大商集团是传统百货实体店，近年来凭借天狗网迅速发展起新零售业务，将网点铺设到东北、四川、上海等地方，并积极向南方市场拓展，成为传统百货实体店向新零售转型的成功案例。随着中国零售市场格局的风云变幻，各种模式创新的新零售新物种不断涌现，为中国零售产业的发展创新输入了新鲜的血液。

另外，亚马逊（中国）等全球大型电商先行者也在中国新零售市场摩拳擦掌，尝试开设无人超市等模式的时尚商店。在电商界，亚马逊是较早使用大数据、人工智能和云技术进行新零售物流管理的，创新地提出预测性调拨、跨区域配送、跨国境配送等服务，并在此基础上推出了全球跨境云仓，通过使用物流机器人、智能运算推荐包装、智能包裹分拣等多种自动化技术实现了智慧物流圈，后台可以智能地观测到每小时、每个品类甚至每件商品的数量变化，并将预测到数据细分到亚马逊全国各运营中心、运输线路或配送站点，有助于亚马逊在人力、车辆以及产能方面预先做出合理的调配。亚马逊新零售物流管理系统还会利用大数据信息，结合近期客户浏览和下单情况对库内存储区域的存储结构进行调整和优化，将热卖商品存储在距离发货区附近的地方，加速了发货的效率并缩短了库内操作的时间，即便是高峰期其高效的运营能效也能很好地满足客户需求。

"互联网＋"技术的发展使得物流管理方式不断创新，新零售物流管理已渗透到中国大多数电商与实体零售的物流中，为中国物流业发展带来了更多的商机。新零售物流管理为物流企业优化资源配置和提升客户满意度起到积极作用，推动了物流消费市场的扩大，促进了中国社会的高品质消费发展。

3. 供应链一体化物流管理模式创新

供应链一体化管理模式是将设计开发、生产、物流等方面的业务运作集成为一个整体,由一方进行统一协调管理的管理方式,它是传统社会化分工管理的升级版,是信息化和知识经济时代下基于专门业务领域管理知识资源的社会化分工,也是企业非核心业务管理职能社会化的管理实现模式。

供应链一体化物流管理,是围绕核心企业,从采购原材料开始,制成中间产品以及最终产品,最后由销售网络把产品送到消费者手中的全过程的物流进行一体化管理的过程,包括采购、生产、运输、仓储等活动的功能一体化,供应商、设施和市场之间的空间一体化以及战略层、战术层、运作层三个规划层次上的跨期(分级)一体化。

在采购、生产、运输、仓储、销售等物流功能一体化的维度上,很多产品生产型的供应链组织正在向这一方向转型,这种一体化管理模式能够极大地提高信息流、资金流和物流双向性流动,同时提升对市场反应的能力,实现协作者之间的资源共享和运行的协调一致。比如,按需定制的小米手机,在2018年的出货量已经破亿。每部小米手机含有800多个器件,涉及100多个供应商,如高通、索尼、英伟达、夏普、联发科、LG等,由于从下单到出货,每种零部件的采购时间都有所不同,很多关键部件都需要提前预订。而小米则通过一体化的供应链物流管理实现了原材料和产品的零库存,只是目前采用的第三方物流配送效率不高,有待于提高。另外,小米还通过米家等物联网技术向消费者提供互联网等延伸应用服务,为消费者带来了良好的客户体验。这种供应链一体化物流管理模式能够从一开始就降低机会主义概率、减少不确定性损失、保持目标的一致性,将生产技术和物流技术联合起来进行,易于形成优势资源壁垒,同时,增强企业组织结构的柔性,形成以顾客为导向的"需求拉动机制",从设计到产品服务全过程为高品质要求的消费者提供了很大的消费者剩余。

在供应商、设施和市场的空间一体化维度上,中国政府当前非常鼓励批发、零售、物流企业整合供应链资源，构建采购、分销、仓储、配送供应链协同平台。一些第三方物流服务商，它们通过社会物流服务平台，整合不同空间和市场上的物流供给和需求，通过专业化的物流服务去解决物流服务水平及物流成本问题，向物流客户提供一体化物流服务，在供应链系统中发挥着物流协调的作用。例如顺丰、百世、德邦等专业物流企业会根据不同的顾客群体特征和货物的属性，设计出不同类型的物流服务，同时充分吸取顾客个性化需求为顾客提供增值服务，对供应链物流进行一体化管理和控制，提高整体服务水平。第三方物流企业控制下的供应链一体化物流管理，在降低冗余库存、降低运作成本以及协调物流环节等方面更加具备优势，它们除了提供运输、仓储等一般性服务以外，还会提供物流作业提示、免费物流培训、物流维护、省力化设计或安装、代办业务、24小时营业、自动订货、零库存服务、零配件包装设计与制作、物流监管、仓储融资、仓单质押、传递信息和转账、物流追踪、物流信息对接设计与系统升级等一系列的增值服务。中国近年来建立了一些供应链综合服务平台，还拓展了质量管理、追溯服务、金融服务、研发设计等功能，面向社会提供采购执行、物流服务、分销执行、融资结算、商检报关等一体化服务，为更好地满足当代消费者的品质消费提供了巨大的便利。

在战略层、战术层、运作层的规划层次一体化维度上，供应链实施一体化管理的目的主要是将企业的长期、中期、短期等不同层次的分级规划统一起来，以更好地实现企业间的无缝集成。战略层规划包括了在长期规划中实施的资源获取决策，战术层规划包括了在中期规划中实施的资源分配决策，运作层规划包括了影响企业短期经营行为的决策。这种供应链一体化管理模式要求在各个规划层次上互相重叠的供应链决策具有一致性，如供应链决策与需求管理的一体化、企业与企业之间的决策一体化等。供应链所有企业之间需要在一个计划的指导下安排各自的生产与合作模式，通过业务委托来减少企业间的交易成本，监控供应链整体的运营情况，防止供应链系统因发生波动或者风险而给各个企业带来损失，形成以核心竞争力管理为基础的集成化功能网络结构的利益共同体。在物流管理上，供应链要求企业快速反应、深度分工、高效协同，要求以顾客为中心，准确把握需求变化，以最小成本和最短时间完成对需求的快速反应，同时还要求各企业建立起基于上下游企业间战略合作的新型渠道关系，紧密合作、共担风险、共享利益。供应链企业之间的信息互联、利益风险共享、库存合理安排等物流协同，能够大大降低供应链运营成本，提高供应链整体盈利水平，同时更好地掌握最前端的市场情报，同步化地做出采购、生产、分销、调拨等方面的安排，消除因牛鞭效应带来的多余库存。高效的物流环节势必最终作用于消费环节的质量提升，推动品质消费的进一步升级。

综上所述，物流服务的制度创新、技术创新和管理创新为中国物流产业的优化发展起到了重要的作用，同时也对供应链上下游其他相关产业产生了深刻影响，以高品质服务来带动商品消费，增加了消费者的品质消费心理幸福感。物流创新不仅是企业发展利润源泉和不竭动力，更是满足人们追求高品质产品和高质量服务的要素保证。

七 流通制度创新对品质
消费的作用

改革开放 40 多年以来，中国以投资和出口驱动的经济增长模式取得了巨大成就，但也导致了低端产能过剩和中高端供给不足的结构性失衡[①]。作为最终需求的消费领域，其不平衡不充分的发展难以满足人民日益增长的美好生活需要。党的十九大报告提出："完善促进消费的体制机制，增强消费对经济发展的基础性作用。"培育消费领域的新增长点、形成新动能，对于优化生产和消费等国民经济重大比例关系，实现需求引领和供给侧结构性改革的良性互动，具有重要的现实意义。

从供给和需求两个方面理解消费规模扩大、消费结构变迁，进而促进品质消费，成为国内经济学界的关注热点。然而，衔接生产和消费的经济过程——流通，在品质消费领域培育新增长点中的作用机理，却较少得到详细的阐释。从流通制度变迁和创新的视角看待品质消费问题，有助于呈现品质消费的全貌，有助于协调供给和需求的双向激励，实现经济高质量发展。

---

① 孙早、许薛璐：《产业创新与消费升级：基于供给侧结构性改革视角的经验研究》，《中国工业经济》2018 年第 7 期。

（一）品质消费的动力机制

当前，直接探讨品质消费的研究成果较为缺乏。依绍华（2017）阐述了流通企业向最终消费者提供自主品牌的产品或服务对于品质消费的促进作用。但许多关于消费升级等领域的学术文献涉及了消费观念、消费对象和消费环境的影响因素，对于研究品质消费的动力机制具有重要的参考价值。

1. 消费观念变迁的影响因素

观念是社会存在的反映，已有文献将消费观念变迁的原因主要归结为生产力的高度发展和物质财富的极大丰富。例如：张雄、熊亮[1]运用唯物史观分析了改革开放 40 多年以来中国人民的消费观念变迁，指出政治、经济、社会、文化的全面发展催生了崇尚进步的消费观念，包括对产品和服务质量的追求，以及理性、绿色、共享等消费理念。一些学者指出消费政策、文化因素、环境问题引起了消费观念的变迁。例如：杨春花[2]认为"重储蓄，轻消费"的政策导向转变为鼓励和刺激消费、西方消费文化的示范效应使中国人民的消费观念发生嬗变；董雅丽、李晓楠、刘军智[3]运用 SEM 模型验证了符号化和娱乐化的消费文化对消费观念的负面影响，而理性化和享受化对消费观念具有正面影响；工业化带来的日趋复杂的环境问题，提升了

---

[1]　张雄、熊亮：《消费观念：改革开放 40 年历程的经济哲学反思》，《马克思主义与现实》2018 年第 5 期。

[2]　杨春花：《改革开放以来消费观念变化的哲学透视》，《山东社会科学》2009 年第 7 期。

[3]　董雅丽、李晓楠、刘军智：《消费文化视域下的消费观念影响因素实证研究》，《统计与决策》2012 年第 2 期。

人们的环保意识，进而催生了绿色消费观念①。微观层面的研究主要是通过问卷调查来收集个体消费者的一手数据，进而实证分析消费观念的影响因素。例如：程璐②验证了网络信息认知程度对农村居民消费观念的影响；偶像剧对青少年消费观念的影响③、广告媒介对农村居民消费观念的影响④也得到了经验数据支撑。

2. 消费对象变迁的影响因素

现有文献大多采用经典的"需求—供给"分析框架来解释消费对象的变迁。尽管学界对于消费结构变迁的解读不再是"需求侧决定供给侧"或者"供给侧决定需求侧"的单向传导，而是认识到供给侧提升与需求侧升级的互动效应导致了消费结构升级⑤，多数研究成果还是单独聚焦于需求侧或供给侧。

从需求侧来看，不论是凯恩斯的绝对收入理论、莫迪利安尼的生命周期理论、弗里德曼的持久收入理论孰是孰非，它们都将收入视为影响消费的重要因素。即使消费规模扩大并不意味着消

---

① 盛光华、庞英、张志远：《生态红线约束下环境关心对绿色消费意图的传导机制研究》，《软科学》2016 年第 4 期。

② 程璐：《网络信息认知对中国农村居民消费观念的影响研究》，《中国管理科学》2014 年第 S1 期。

③ 杨悦、赵亮、张红：《偶像剧对青少年消费观念的影响》，《重庆社会科学》2015 年第 2 期。

④ 赵津晶：《广告媒介接触行为对农村居民消费观念影响的研究》，《现代传播》（中国传媒大学学报）2010 年第 4 期；曾洁：《农村居民广告媒介接触行为对其消费观念的影响研究》，硕士学位论文，华中农业大学，2006 年。

⑤ 金晓彤、黄蕊：《技术进步与消费需求的互动机制研究——供给侧改革视域下的要素配置分析》，《经济学家》2017 年第 2 期。

费结构的升级,收入的提高确实是消费对象变迁的基础①。依绍华②考察了发达国家的消费发展规律,发现伴随人均 GDP 增加而出现了消费结构升级的现象。一些学者研究了税收政策对消费对象变迁的影响。例如:付敏杰、张平③阐述了通过降低消费税税率和调整消费税税目等消费税改革举措来促进消费结构调整的作用机理。人民币汇率变动的收入效应、财富效应和价格效应对消费结构的影响通过了实证检验,尽管顾宁、朱家琦④和张代超⑤对汇率变动的结果是促进或抑制消费结构升级存在分歧。此外,消费观念、人口结构对消费对象变迁亦存在影响⑥。

从供给侧来看,一些文献的思路是创新和技术带来的供给质量提高会导致消费结构升级。比如:杜丹清⑦阐述了互联网技术带来产品、渠道和服务的创新,进而导致消费对象变迁的作用机制;孙早、许薛璐⑧的经验研究表明新时代中国经济的要素

① 参见杜丹清:《互联网助推消费升级的动力机制研究》,《经济学家》2017 年第 3 期。

② 依绍华:《从发达国家消费发展规律看中国消费变化走势》,《价格理论与实践》2018 年第 10 期。

③ 付敏杰、张平:《新常态下促进消费扩大和升级的税收政策》,《税务研究》2015 年第 3 期。

④ 顾宁、朱家琦:《人民币汇率对我国消费结构的影响研究》,《湖南社会科学》2016 年第 1 期。

⑤ 张代超:《人民币升值对消费结构的影响效应研究》,硕士学位论文,山东大学,2018 年。

⑥ 参见苏毅清、樊林峰、王志刚《"物美价廉"的消费观念对食品质量供给的影响研究——基于需求决定供给的视角》,《消费经济》2016 年第 4 期;张颖熙、夏杰长:《以服务消费引领消费结构升级:国际经验与中国选择》,《北京工商大学学报》(社会科学版)2017 年第 6 期。

⑦ 杜丹清:《互联网助推消费升级的动力机制研究》,《经济学家》2017 年第 3 期。

⑧ 孙早、许薛璐:《产业创新与消费升级:基于供给侧结构性改革视角的经验研究》,《中国工业经济》2018 年第 7 期。

配置效率改善所能带来的增长空间有限，而通过提高产业自主创新能力和技术吸收能力进而实现消费结构升级，才是经济高质量发展的关键。服务业供给扩大和业态创新被视为消费结构升级的重要驱动力，而学者们对扩大服务业供给、促进业态创新的政策建议则大体相同。比如：放宽服务业准入从而提高市场竞争水平、完善市场监管和治理体系等①。

3. 消费环境变迁的影响因素

大多数文献将消费环境变迁归结为制度因素。有的学者从立法的角度阐释了优化消费环境的路径。比如：宋彪②（2016）提出构建产业、公共事业、消费节制、消费交易、消费调控的立法体系从而改善消费结构升级的制度环境。消费者权益保护成为了研究热点。一些学者指出：新型业态、模式和消费关系的不断出现，使《消费者权益保护法》逐步显露出一定的制度缺陷，应以降低消费者维权成本、提高生产经营者的侵权成本为原则，对《消费者权益保护法》进行与时俱进的调整③。例如：李国光、张严方（2011）研究了网络购物的消费者维权问题，指出消费者知情权、验货权、司法救济权应受到法律保护。

---

① 参见张磊、刘长庚《供给侧改革背景下服务业新业态与消费升级》，《经济学家》2017 年第 11 期；周海涛、李虔、张墨涵《论激发教育服务的消费潜力》，《教育研究》2016 年第 5 期；朱惠莉《消费发展新阶段需要加强供给管理》，《中国经济问题》2014 年第 1 期。

② 宋彪：《消费升级的立法回应》，《首都师范大学学报》（社会科学版）2016 年第 4 期。

③ 张璐、周晓唯：《论维权成本与消费者权益保护》，《西北农林科技大学学报》（社会科学版）2013 年第 5 期；刘俊海、徐海燕：《论消费者权益保护理念的升华与制度创新——以我国〈消费者权益保护法〉修改为中心》，《法学杂志》2013 年第 5 期。

虽然许多方面的消费者权益保护做得不够到位，于浩[1]指出消费者索赔权存在滥用的现象，进而提出应依法确定消费者权益的边界。除了从法律内容调整的视角对消费环境优化进行研究以外，学界对消费环境的监管体系也十分重视。政府应该对治理消费领域的市场失灵和维护消费安全起主导作用[2]，要合理界定监管机构的责任，构建各部门长效监督的激励机制[3]。然而，单纯依赖政府主导的行政规制已经难以保障网络购物等新型消费的安全，综合运用公共规制和私人规制工具，构建多方主体参与的消费治理体系对于优化消费环境具有重要意义[4]。

4. 文献述评

上述文献对消费观念进步、消费结构升级和消费环境优化三个方面的影响因素进行了较为详尽的分析，对研究品质消费的动力机制有重要的参考价值。上述研究成果可简要概括为：生产力发展、文化因素、消费政策、环境问题、网络信息认知、影视作品催生了消费观念进步；供给侧提升与需求侧升级的良性互动促进消费结构升级；法律规制和多方参与的消费治理有助于优化消费环境。需要指出的是，消费观念进步、消费结构升级和消费环境优化并不是彼此独立的，而是具有良性的互促效应。当消费者愿意为更高质量的产品或服务支付更高的价格

---

[1] 于浩：《论消费者索赔权的边界》，《法商研究》2018 年第 3 期。

[2] 钱玉文：《论网络消费安全的多元规制》，《当代法学》2015 年第 6 期。

[3] 沈宏亮：《现代市场体系完善进程中的监管体系改革研究》，《中国特色社会主义研究》2018 年第 4 期。

[4] 钱玉文：《论网络消费安全的多元规制》，《当代法学》2015 年第 6 期；邵华：《私力救济对弱者权利的实现——以消费者权益保护为视角》，《甘肃社会科学》2009 年第 6 期；徐信贵：《日本消费领域的危害预防型公共治理研究——以消费危害情报制度为主线》，《武汉理工大学学报》（社会科学版）2010 年第 3 期。

时，供给侧才有激励提高产品和服务的质量水平和整体层次；当消费者在一系列高质量的产品和服务消费过程中亲身体验到物质层面和精神层面的满足时，愿意为好质量多付些钱的消费观念会逐步养成。而消费环境的逐渐好转，将为品质消费提供保障，对居民消费观念进步、消费结构升级起到有力支撑。根据文献回顾和笔者分析，得到图 7.1 所示的品质消费动力机制的分析框架。

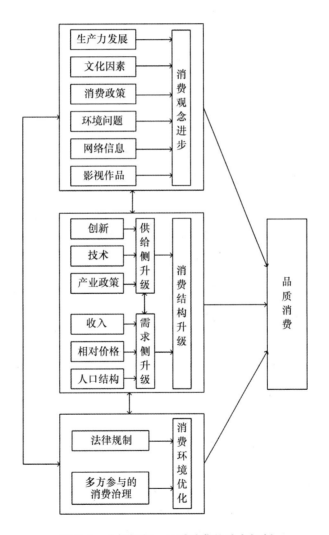

图 7.1　分析框架：品质消费的动力机制

作为衔接生产和消费的经济过程，流通对于品质消费的作用机理尚未得到系统的阐述。本报告将流通制度创新纳入品质消费动力机制的分析框架，从制度变迁的视角考察流通制度创新对于品质消费的作用机理，对品质消费现象做出了新解读。

（二）流通制度创新对品质消费的作用机理

流通是指商品从生产领域向消费领域转移的经济过程，是实现商品的价值和使用价值的一系列经济活动，包括商品所有权的转移、商品实体的位移、转移所经过的渠道和环节、转移过程中的信息流动以及为了加快转移所需提供的相关服务等内容①。依据 Douglass C. North② 的定义：制度（institutions）是人为设计的，用来约束人们之间互动关系的规则，包括正式规则、非正式约束以及它们的实施机制。结合流通和制度的概念，可将流通制度定义为：人为设计的用来规范商品从生产领域向消费领域转移过程的正式规则、非正式约束以及实施机制。流通制度构成了流通环节的激励，规定了各种流通行为是被允许或者禁止。换言之，流通制度界定并限制了流通过程中人们的选择集合。

流通制度为何存在？交易成本（transaction costs）是理解问题的关键。交易成本最早由 Ronald H. Coase③ 在著名论文"The

① 丁俊发、赵娴：《流通经济学概论》，中国人民大学出版社 2012 年版。

② North，D. C.，*Institutions*，*Institutional Change and Economic Performance*，Cambridge：Cambridge University Press，1990.

③ Coase，R. H.，"The Nature of the Firm"，*Economica*，Vol. 4，No. 16，1937.

Nature of the Firm" 中提出，*Williamson*[①] 和 North[②] 对交易成本的概念进行了更为详细的阐述。交易成本主要包括衡量成本（measurement costs）与实施成本（enforcement costs）。衡量成本是指：对包含在物品、劳务以及代理人的不同表现中的各种有价值的特质进行度量的成本；实施成本是指：监督与实施契约所花费的成本。不同于新古典经济学的理论假设，现实生活中人类拥有关于他人行为和周围环境的不完全信息，难以准确衡量物品或劳务的诸多属性并保障契约的执行。人们利用不完全信息所做出的决策存在较大的不确定性，由此产生了旨在简化选择过程的规则和约束。上述分析表明，流通制度的意义在于：建立稳定的流通关系结构，降低流通环节的交易成本，进而减少流通过程的不确定性。

改革开放 40 多年以来，"重生产，轻流通"的思想观念逐步消除，流通业作为国民经济的基础性和先导性产业的地位日益凸显。然而，流通体制、流通标准和流通信用等制度问题依然存在，不仅抑制了流通产业的高质量发展，也不利于流通发挥其引导生产发展和促进居民消费的作用。

第一，流通体制问题。多年以来，中国持续推进的流通体制改革实质上属于对阻碍流通产业发展的正式规则进行一系列调整，从而可以被视为一种流通制度创新。流通体制改革的核心内容，就是使市场在流通领域的资源配置中起决定性作用和更好发挥政府的作用。当前，分散的流通管理体制导致对流通企业进行了较多的不当干预，流通企业的自主经营时常受到干扰；行政垄断和地方保护打乱了流通市场的进入和退出秩序。这些流通体制问题产生了高额的交易成本，弱化了市场的资源

---

① Williamson, O. E., *The Economic Institutions of Capitalism*, New York: Free Press, 1985.

② North, D. C., *Institutions*, *Institutional Change and Economic Performance*, Cambridge: Cambridge University Press, 1990.

配置绩效，不利于流通产业的市场化进程和竞争水平提升。

第二，流通标准问题。近年来，中国的流通标准化建设取得了显著成效，标准制定、贯彻宣传和实施工作扎实开展，但仍存在一系列问题：部分流通标准难以适应新业态、新模式的发展需要；针对流通主体、流通行为等方面的管理类标准相对缺乏；企业自主开展流通标准化的意识和动力不足。当前，流通领域的国家强制标准对服务质量的要求较低，而对服务质量要求较高的流通标准大多为推荐标准，企业对执行推荐标准的积极性不高。流通标准问题导致市场上充斥着良莠不齐的流通服务，企业或消费者在搜寻和购买流通服务时，不得不花费很大的衡量成本，低标准的同质化竞争甚至会引发"劣币驱逐良币"的逆向选择困境。

第三，流通信用问题。中国流通企业的信用体系建设滞后，在信用信息采集、评价、分类管理和信用风险监测预警等方面存在较大短板。同时，流通企业诚信意识不足，行业自律未发挥应有作用，在经营过程中时常发生商业欺诈、虚假宣传、假冒伪劣、以次充好等非法行为，特别是近年来一系列重大的食品药品安全事件使人民群众对安全的消费环境有了更加迫切的期望。流通信用问题不仅对消费环境产生负面影响，也提高了生产企业、供应链主导企业对流通服务外包的违约防范成本，在一定程度上阻碍了流通产业的分工和专业化进程。

虽然流通领域存在体制、标准和信用等方面的制度问题，但是流通制度体系具有较强的稳定性。流通制度的稳定性或路径依赖特征的原因在于：尽管法律修改或政治决策可以使正式规则瞬间发生变化，但正式规则在短期内难以改变嵌入在行为规范、行事准则和惯例中的非正式约束。然而，当政府或企业家认识道：对现有的流通制度体系做出某种边际上的调整，可以改进社会流通效率或提高企业收益，流通制度变迁就产生了。流通制度创新是流通制度边际变迁的累积过程。通过降低流通环节的交易成本，流通制度创新为流通竞争增强、流通规模扩大、流通契约遵守和流通效益提升营造了更好的制度环境。

1. 流通制度创新有利于流通竞争增强

对流通体制问题的分析表明，流通领域的正式规则既存在有利于提高流通生产力的部分，也存在干预经营、保护垄断和设置壁垒的部分。流通企业以利润最大化为目标，而企业利润又受到一系列制度因素的约束。当产权保障不力、市场进入受阻、垄断限制存在时，追求最大化利润的流通企业将倾向于短期的且固定成本较小的投资，而固定资产投资较多的大型流通企业只能通过寻租的方式以谋求各级政府的庇荫。流通制度的上述缺陷不利于培育大型流通企业，也不利于中小型流通企业的保护。因此，需要进行流通制度创新，清理和废除妨碍市场公平竞争的各种规定和做法，为要素的自由流动、技术的有序扩散和信息的高效传递提供有力的制度保障，从而提高流通企业的创新动力，增强流通产业的竞争活力。

2. 流通制度创新有利于流通规模扩大

经济体的交换规模决定了流通规模，本节考察交换类型的演化过程以及流通制度创新在其中发挥的作用。最初的交换类型以小规模生产和小范围区域内交易为特征，交换双方进行重复交易，有着相似的文化环境，受到同一套行为规范的约束。在小规模的交易伙伴圈子内，交换双方彼此了解，花费在衡量和监督上的成本较低；但由于专业化程度较低，因而生产成本较高。随着交换规模和范围的不断扩大，交易物品或劳务的伙伴越来越多，利用不对称信息来获取收益的背信行为也随之增加。交易伙伴来自不同地域和文化背景，依靠非正式的交换抵押、商业准则来防范背信行为。这种交换类型实现了更细化的分工带来的收益，并且突破了小型地方性经济体的局限。在经济全球化进程不断加快的现代社会中，经济交换越过国界，商品、服务和生产要素在世界范围内配置，合作结果越来越需要正式规则的保障。

流通制度是规范商品从生产领域向消费领域转移的一系列约束。完成不同类型交换所必需的流通制度各不相同，有的只是简单的交换问题，有的则是跨越时间和空间涉及多人的交换问题。如果流通制度问题导致由衡量成本和实施成本构成的交易成本较高时，经济交换的收益难以实现；随着经济体的交换规模不断扩大，流通环节的专业化程度提高、分工更加细化、有价值属性增多和变动性更强，越来越需要完善的流通制度体系来约束人们的行为，将流通过程的不确定性尽可能降低。

从小规模交换到全球化交换的演进过程表明，正式规则、非正式约束和契约实施机制构成的流通制度体系是实现分工和专业化收益的必要条件。流通制度创新对于降低单位商品的信息搜寻、衡量和监督成本，实现交换规模进而流通规模扩大的收益具有重要意义。

3. 流通制度创新有利于流通契约遵守

交换双方对流通契约的遵守可以从合作的角度进行分析。在新古典的假设条件下，交换双方拥有彼此行为的完全信息，交换在零交易成本的环境中进行，此时交换双方都遵守契约，因而无须制度约束。在现实经济中，当个体间相互了解，进行小范围内的重复交易时，合作行为是有利的；而现代的流通活动已经达到了较高的分工和专业化水平，经济交换突破了时间和空间的界限，流通主体的经济福利依赖于以专业化为特征的复杂结构。当交换不是重复进行，或者参与者众多且信息不对称时，对流通的物品、劳务和代理人的表现进行衡量和监督需要花费高额成本。此时，违约行为的收益将高于合作行为的收益，这导致合作结果难以实现。因此，需要流通制度来为个人提供识别违约行为的必要信息，这样才能实现合作结果。

流通涉及商流、物流、信息流和资金流，而不是瞬时完成的、简单意义上的产品交换。现代流通产业涉及复杂和多层面的契约，有的契约将持续一段时间。由于流通契约的复杂性——不仅包括产品的物理属性，还包括交换的产权特征，所以契约需要尽可能详尽。尽管如此，流通契约的监督与实施还是不完全的，这是由两方面因素造成的。第一，衡量契约所涉及的诸多属性需要支付较多的成本；第二，契约的监督和实施一般是通过司法程序、第三方仲裁和声誉机制等形式进行的，因而代理人自身的效用函数会对结果产生影响。

交换双方遵守流通契约所需的交易费用必须小于交换的收益，只有这样，缔结并遵守流通契约对交换双方才是有利的。流通制度创新对流通契约遵守的保障需要解决两个方面的问题。一方面，通过建立一个交流机制来为是否进行惩罚提供足够的信息。流通制度通过提供契约执行情况的有关信息，帮助人们及时发现违约行为。另一方面，由于惩罚通常是一种公共品，即维护多数人的利益而成本由少数机构承担，所以流通制度还必须为那些监督和实施契约的机构提供激励。

上述分析表明，创建一种能带来合作结果的流通制度环境，意味着必须建立一个包含正式规则、非正式约束和实施机制在内的流通制度体系。流通制度创新提高了合作行为的收益和违约行为的成本，从而更好地保证了流通契约得到遵守。

4. 流通制度创新有利于流通效益提升

供应链是 21 世纪高效配置和利用资源的必然趋势[1]。美国物流咨询公司的研究发现，企业根据自身情况对物流流程进行

---

[1]　何明珂、王文举：《现代供应链发展的国际镜鉴与中国策略》，《改革》2018 年第 1 期。

重组，使第三方物流服务延伸至整个供应链，可实现10%—20%的成本节约①。然而，由不健全的流通制度导致的供应链合作效率低下、利益相互积压和企业间缺乏信任等问题制约了供应链的应用，从而不利于流通效率提升。从本质上看，供应链上下游企业需要一整套完善的信息交流制度来低成本地衡量绩效制度和监督契约，供应链竞争力的提高离不开合理的利益共享和风险共担机制，而这些都可以通过流通制度创新来实现。因此，创新流通制度以适应供应链组织的发展要求，通过供应链应用实现资源整合和流程优化，加强从生产到消费等各环节的有效对接，有利于降低流通企业的经营成本从而提升流通效益。

综上所述，流通制度创新降低了交易成本，对流通竞争增强、流通规模扩大、流通契约遵守和流通效益提升起到积极作用。流通制度创新不仅为市场带来了更高质量的流通服务，也对协调需求侧结构升级与供给侧相对不足之间的矛盾、优化消费环境起到积极作用，进而促进品质消费进程（见图7.2）。

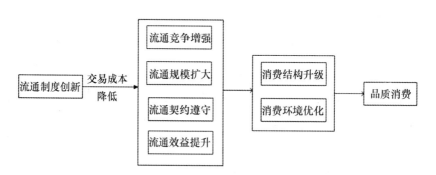

图7.2   流通制度创新促进品质消费的作用机制

---

① 丁俊发：《流通创新驱动的十大对策》，《中国流通经济》2013年第2期。

（三） 结语

消费是最终需求，既是生产的最终目的和动力，也是人民对美好生活需要的直接体现。以消费观念进步、消费结构升级和消费环境优化为特征的品质消费进程，是经济社会全面发展的重要表现。本文对衔接生产和消费的流通过程进行分析，指出流通制度创新通过降低交易成本从而促进品质消费的作用机制。将流通制度创新融入供给侧结构性改革和完善促进消费的体制机制等政策当中，是实现品质消费的有利途径。

八 以流通创新促进品质
消费的政策建议

（一）支撑流通企业转型升级的政策建议

新经济时代的到来，产业组织和企业生态正在发生深刻变化，流通企业的转型升级势在必行。中国居民消费习惯正在从物质型消费转向服务型消费，随着居民收入的不断提高、居民受教育程度的提升、城镇化的持续推进，品质消费已成主流趋势。在此背景下，应该对流通企业转型升级给予以下几个方面的政策引导。

1. 从粗放型经济向集约型经济的转变

长期以来，流通产业在中国既是传统服务业，又是典型的劳动密集型产业，在发展中除了依赖资本的投入，更依赖于劳动力的投入，随着现代社会信息技术的不断发展和互联网技术的普及，流通企业应该与时俱进，在多方面进行技术更新和发展转型，但实际情况却是，很多流通企业的信息化技术依旧发展迟缓，主要表现在对互联网等新技术的应用在广度和深度上都不够，造成了流通企业成本高、资金周转慢、效率不高等多种问题。基于此，要解决这些问题，需要从经营理念和发展观念上有所转变，对流通企业来说，首要的是着力转变其经营发展模式，创新转变商贸流通模式，将自身传统的劳动密集型、粗放型模式向集约增长方式、内涵型发展模式转变，把之前以规模为发展目的转变为以效率和质量为发展目的，真正实现从粗放型经济向集约型发展方式的转型。

2. 引导流通企业构建新商业流通模式

新商业流通模式的构建也是流通企业转型升级的重要路径之一。现代信息社会要求企业重塑自身价值链，改进价值实现方式，对流通企业来说，构建新型商业流通模式从而实现企业发展方式和流通模式的升级与创新，成为流通企业的必然选择。在构建新型商业流通模式的过程中，既需要遵循商业业态和服务模式的发展规律，又要引导流通企业运用新技术实现模式构建，如鼓励发展创新物流模式，构建信息化、现代化、系统化的现代流通配送体系，进一步降低物流成本，同时积极探索新型流通运作模式，推动商业流通现代化水平的提升，将流通企业的价值增值从销售终端向流通环节转变，进一步丰富商贸流通产业链条，提高流通效率。

3. 要大力鼓励流通进行企业技术创新

企业技术创新是转型升级的核心路径，对物流企业来说尤其如此。流通企业的转型升级需要持续重视技术创新和现代物流技术的运用。通过现代物流技术的运用，可以有效地帮助企业摆脱无效率的重复劳动和低水平的恶性竞争，对物流企业重塑自身核心竞争力尤其重要。具体来说，现代物流技术的运用，能够将物流企业自身的生产经营活动进行重新梳理和调配，快速全面地收集市场信息，对物流企业的采购、配送、运输和服务具有重要作用，能够显著增强企业自身核心竞争能力，提升企业价值创造能力，更加凸显自身在供应链整体和流通市场上的重要地位。

4. 要注重营造良好的流通业发展环境

营造良好的流通业发展环境既是政府的职责所在,也是政府的战略之举。中国流通业长期以来发展缓慢,其中重要的原因是流通环境较差,这是今后中央和各级政府亟待解决的问题。首先需要解决的是从政府角度要分析研判流通业的发展实际,制定出一整套完善的法律法规来规范流通市场,真正让流通市场有法可依,有规则可遵循。其次,在具备完善流通业法律法规的前提下,政府应该因地制宜地制定并实施科学的流通业产业扶持政策,建立保障流通企业发展的人才引进政策,畅通流通企业的融资方式和融资渠道,为流通企业创新商业经营模式提供宽松的政策空间。在上述政府的政策导向下,为营造好良好的流通业发展环境提供坚实保证。

(二) 推动供应链创新增效的政策建议

流通业供应链的创新增效是指为了提升流通业企业和整体供应链的价值增值能力为主要目标,对现有传统的经营方式进行统筹规划,深度优化供应链中的包括信息流和资金流,以期通过对流通企业上下游供应链关系的改善来增强自身的竞争优势。中国传统的流通企业存在的普遍问题是低层次重复劳动较多、企业发展规模不大、整体竞争能力有限、抗风险能力较差等,尽管最近几年出现了类似于京东等在内的大型零售企业,但从产业链运营效率等核心指标来衡量,与世界知名的大型零售企业相比还有明显差距。从流通业行业整体来看,中国流通产业的中小规模企业过多、竞争层次较低、经营效率亟待提升、供应链管理非常缺乏。在此基础上,流通业的供应链创新增效需要各流通企业形成更加紧密的合作联系,通过新技术的应用和内部管理的改善,通过实现转型升级来达到改变传统竞争格局的目的。由流通业供应链创新增效所形成的流通业生产专业化、智能化、集中化和一体化也符合现代产业组织的基本特征和必然规律。

现阶段中国流通业供应链现存的主要问题表现在：第一，流通业经营效率较低、产业集中度不高和基础设置建设滞后，同时管理水平和新技术应用缺乏，流通上下游企业之间难以有效地进行信息共享，再加之基础设置建设尚不完善，严重影响了供应链整体外溢效用的发挥和发展速度提升；第二，流通业供应链企业间低水平竞争和消耗过大。现阶段中国流通企业大多难以占据供应链上下游的主导地位，直接导致了经营风险较大、经营效率不高，同时各流通企业之间的重复建设、低水平竞争状况十分严峻，本应合作但实则竞争、本应形成战略联盟但实则出现恶性竞争的情况十分普遍，导致整个流通业的各成员企业之间恶性竞争普遍存在、内耗过大；第三，现阶段流通业并未形成统一的物流标准导致各企业物流运营成本过高。各流通企业之间缺乏共同的信息沟通和利益共享机制，导致绩效评价体系互不相同，利益分配机制缺乏共识，供应链的实质性运作存在巨大障碍，流通业企业之间的高效率协同运作更是无从谈起。推动流通业供应链创新增效，应该从以下几个方面着手。

1. 倡导流通业供应链实现信息共享

倡导流通业供应链实现信息共享是现阶段中国流通业供应链创新增效的重要路径。流通业应加快实现信息共享，通过信息共享推动供应链各企业共同发展。主要包括：第一，应引导并倡议流通供应链上各企业积极开放共享信息。从市场信息、订货需求和库存周期等方面真正实现信息共享，协同运作。通过实施有效的市场信息和订货需求贡献，不仅可以减少各企业的库存费用，更能提升供应商的服务质量和响应速度；第二，利用互联网方式创新信息共享机制，在合理界定企业之间的边界和信息共享范围，建立平衡各方的利益分配机制，避免或弱化企业间的"牛鞭效应"，提升产业链绩效。

2. 增强流通业供应链协同需求预测

增强流通业供应链协同需求预测是推动供应链创新增效的重要内容。流通企业应该科学设计利益分配机制，采用多种方式实现协同发展。主要应从以下两个方面发力：第一，建立科学合理的收益分配方案，保障参与各方的切身利益，政府应引导企业整合与运用流通业供应链相关技术，促使上下游企业实现更加紧密的合作关系，帮助各企业实现协同均衡预测需求，促使供应链内的多方流通企业的经营活动实现共同发展；第二，应加大投入力度，提升流通业供应链整体的需求预估能力和水平。在机制设计上，应建立各方认可的利益分配机制，通过需求预估为供应链各企业提供生产、库存和采购等环节的准确依据，实现需求预测的创新。

3. 建立流通业供应链协同运营机制

在推动供应链创新增效过程中应重视并鼓励流通业供应链实现协同运营，创立流通业供应链协同运营机制。政府应该引导做到：第一，鼓励流通业供应链创立协同运营的创新机制。引导并实现流通业供应链企业之间建立信任联系，在此基础上实现信息等各要素的协同，从而实现协同发展，推进整个供应链上下游企业间的运营效率和协同效应；第二，建立有效的流通业供应链上下游的信用合作机制。在建立科学合理的利益分配机制同时，逐步完善信用合作方式；第三，倡导建立科学合理的供货商、零售商家和制造业企业之间关系，优化流通业企业间战略联盟合作方式，真正实现协同经营，保持供应链实现高效运营。

4. 充分发挥供应链金融的重要作用

供应链金融在推动供应链创新增效过程中起着不可替代的润滑剂作用。现阶段中国的流通企业因为各个经营环节均为传统方式，耗时较长，导致很多流通企业的资金使用效率低下，此时一些融资平台建设通过提供多样化的融资服务为目的，以专业化、标准化的服务融合互联网信息化等新兴的技术方法和工具为流通企业提供帮助。随着专业化服务的不断拓展，供应链金融的产品和服务愈发细分，通过更多金融产品和工具的介入，很多供应链金融服务的提供者甚至既可以申请独立许可来开展融资服务，也具备与传统金融机构合作开展融资服务的资格。供应链金融的不断发展推动实现了流通业与金融业的融合发展，既大大缓解了流通企业的融资难题、提升了企业的经营能力和盈利水平，又催生了流通业的众多新的商业模式，大大扩展了流通业的范畴。

（三）促进流通体制机制创新的政策建议

作为国民经济的基础性和先导性产业，改革开放以来，中国流通业发展迅速，对引导生产、促进消费、提高经济运行效率发挥了重要作用。但随着中国经济发展加快、转型迫在眉睫，制约流通业发展的体制机制等深层次问题日益凸显，其中部分重点问题需要攻坚克难、亟待解决。

中国政府始终高度重视流通体制机制的创新，并为此做出了很多努力。2012年国务院印发了《国务院关于深化流通体制改革加快流通产业发展的意见》，明确提出了流通改革的目标和任务。党的十八届三中全会进一步要求推进国内贸易流通体制改革，建设完善的法治化营商环境，国内贸易流通体制改革被提升至国家战略层面。2015年7月，国务院办公厅印发了《关于同意在上海等 9 个城市开展国内贸易流通体制改革发展综合试点的复函》，综合试点的颁布是适应现阶段中国流通业发展内生需求的必然举措，是对党中央提出的发挥市场在资源配置中决定作用的有力落实，同时也更有利于界定现阶段政府与市场的边界，从而营造形成流通高质量发展的长效机制。今后一段时期流通体制机制创新应该从以下几个方面着手。

1. 健全理顺统一高效的管理体制

健全理顺统一高效的管理体制是促进流通体制机制创新的重点环节。首先是以流通体制改革发展综合试点城市为桥头堡，充分发挥上海、海南等自由贸易试验区的溢出和带动效应，真正将内外贸统筹规划，建立国际化视野，建立健全内贸流通领域的行政管理权力清单、部门责任清单和市场准入负面清单；其次是全新认识流通行业协会的功能、地位和性质，真正实现行业协会的行业指导和监管职能，为激发流通业发展活力创造良好的条件。

2. 探索建设法治化营商信用环境

市场经济的建立需要法治化的营商环境和信用环境，促进流通业体制机制创新同样需要法治化的营商环境和信用环境作保障。法治化营商环境就是秉承法治理念、运用法治思维、贯穿法治精神、重视法治方式的营商环境。促进流通体制机制创新，探索建设法制化营商信用环境、努力构建充满活力的市场环境需要从以下两个方面着手：一是严格规范流通业市场秩序。根据流通业发展实际创新监管机制和方式，加强对流通业重点领域的市场监管，为产业链各类市场主体营造公平竞争的发展环境。二是强化对流通市场主体的信用约束。逐步推动建立流通业信息共享服务平台，全面建立流通业的"黑名单"制度，将破坏流通市场秩序、流通业各类失信行为都纳入黑名单管理。

3. 推动实现新流通方式融合发展

推动实现包括跨界经营和连锁经营等新型流通方式的现代流通方式融合发展。政府应鼓励并支持商贸物流企业加快推动包括信息共享、资源整合、跨境电商等内容在内的平台建设，同时，为连锁经营模式创新提供宽松的政策环境，结合现阶段发展实际，尝试引导并鼓励流通企业大胆尝试自营配送、供应商直接配送和借助社会化网络配送等新型物流配送模式，在流通企业经营模式上，积极推动物流业与制造业联动发展和全产业链集合发展等多种融合发展模式。在推动实现新型流通方式融合发展的过程中，注重合作紧密的企业构建战略联盟，推动流通业优质企业实施全过程标准化管理。

4. 构建多层次商贸物流信息平台

构建多层次商贸物流信息平台是促进流通体制机制创新的重要成果。推动并建立涵盖市场需求、库存管理、物流配送、交易撮合、交易结算、信用评价等综合性服务内容的多层次商贸物流信息平台，实现线上线下同步功能，提升物流企业的各环节、全流程服务和经营能力。逐步利用大数据云平台尝试建立智能化配送分拨调配平台，提供信息传输路径和数据端口，在路径优化、仓储调配和运力调度等方面实现精准对接和效率提升，提高物流供需匹配度。引导并鼓励建设供应链集成共享平台，通过平台的信息和资源共享提高供应链整体响应能力，促进物流业与制造业、商贸流通业实现融合发展。

（四）建立需求导向型生产体制的政策建议

近年来，中国居民消费结构发生了深刻变化，消费特点正在从物质型和生存型消费向服务型和发展型消费转变，同时，品质消费、绿色消费、服务消费等逐渐成为新的消费热点，经济增长的动能实现了结构转换，经济增长潜力巨大。但从另一方面来看，新的消费趋势仍旧受到一些因素的制约，其中重要的是供给侧的问题亟待解决，主要表现在供给侧对需求侧的满足程度不高、质量有限。建立需求导向型生产体制需要从以下几个方面着手。

1. 精准识别现有供给侧结构问题

精准识别供给侧结构问题是建立需求导向型生产体制的前提条件。现阶段的消费趋势已经初步实现了从传统型向现代型、从生存型向品质型的转变，但从总体上判断，目前供给侧的结构升级仍滞后于居民消费需求的变化，高品质产品和服务的有效供给不足，不能很好地满足消费者需求，制约了品质消费的持续扩大和升级。主要表现是一方面并不符合市场需求的低层次供给过多、过剩、库存过多；另一方面是具有高质量和核心技术的品质供给不足，符合居民消费需求的高质量和中高端供给仍然不足，居民对高品质商品和服务的需求难以得到满足，部分产品的设计理念、制造工艺和售后服务等环节与国外同类产品相比存在明显差距，难以满足日益增长的品质化、个性化消费需求。下一步要以高品质消费需求倒逼供给侧结构性改革，以需求为引领，推动建立需求导向型生产体制。

2. 建立需求导向高质量生产体系

品质消费的趋势形成必须依赖高质量产品和服务的供给，由此可见，高质量生产体系的建立与否直接决定了品质消费的实现程度，因为消费的质量最终还是由供给质量决定的。目前，中国消费供给体系升级滞后于消费需求变化，高品质产品和服务的有效供给不足，必须尽快建立需求导向的高质量生产体系，尤其是在日用品、养老服务、旅游消费等方面的供给质量亟待提高。因此，应该引导生产者从高质量和高端消费需求来着力，实质性提高高端商品和服务的市场满足能力，生产者有责任通过技术升级和服务理念改善等方面来提供优质的产品和服务，满足消费者日益增长的高品质需求，推动品质消费迈入高质量阶段。

3. 实施企业的品牌价值提升工程

在建立需求导向型生产体制的过程中要着力实施品牌价值提升工程。一是进一步引导流通企业树立品牌意识，无论是国内流通企业的转型升级还是流通企业走出国门面向世界市场，现在都要比以往任何时候更加注重品牌意识的树立；二是要瞄准更高标准和品质消费的具体特点，改造提升现有产品结构，注重研发力量投入和核心竞争能力提升，增加消费品市场多样化的有效、高质量供给；三是深刻认识并顺应智能化时代的到来，积极抢占流通业发展的制高点和桥头堡，充分运用大数据等现代前沿技术，实现在与国际物流企业竞争过程中的弯道超车；四是大力倡导并支持一批具有社会责任感和注重自身品牌价值的优质企业，真正形成一批能够展示国家形象、拥有核心技术的现代化优质流通企业。

4. 实现"互联网＋产业"融合发展

"互联网＋产业"的融合发展模式是将现代互联网的最新技术真正融入物流企业的经营全过程。需求侧"互联网＋消费"的融合因为具有消费群体的自发性，因此更为快速，但与此相比，供给侧"互联网＋产业"的融合发展相对落后，现实进展也相对缓慢。在推动建立需求导向型生产体制的进程中，"互联网＋产业"可以更有效率地实现生产方供给侧的质量提升。对物流企业来说，通过"互联网＋产业"模式，可以重构物流企业组织架构，提升内部管理效率，充分整合调度在设计、研发、生产和流通各领域资源，为需求导向型生产体制的建立奠定良好的基础。

（五）优化品质消费市场环境的政策建议

近年来，随着从温饱到总体小康并向全面小康迈进，中国居民消费结构发生了深刻变化，品质消费逐渐成为消费新热点，这符合人民群众对美好生活愿望的基本事实，但品质消费市场环境仍然存在不少问题亟待解决，如产品质量监管体系并不健全，质量技术标准与其他国家相比较低，社会诚信体系尚不健全，市场环境整体来说还有若干突出问题，主要表现在：一是由于质量意识和技术储备的缺乏导致的产品质量总体不高，尤其是假冒伪劣产品较多，消费者权益受侵害的事件时有发生；二是市场环境监督监管体系有待健全，消费欺诈、虚假宣传等现象仍然存在；三是服务意识亟待提高，表现在市场服务环节不完善，售后服务跟不上，居民消费还存在后顾之忧，不放心消费和不敢消费仍较普遍；四是品质消费"名不副实"，低水平的消费产品仍然大量存在，部分品质消费产品与传统消费方式和产品相比，并未有实质进步。下一步应该从以下几个方面着力。

1. 构建规范的市场消费环境

让品质消费成为高质量发展新动力，需要进一步构建规范的消费环境。一是要完善并改进事关消费的基础设施建设，清除流通网络障碍，健全流通标准和商品服务质量标准，创新监管方式方法，强化线上线下消费者权益保护等，为消费者营造放心和安全的消费环境，不仅让广大消费者敢于消费，而且还能实现放心消费；二是全面改善优化消费环境，全面提高标准化水平，完善质量监管体系，强化企业主体责任，加大消费领域的违法违规惩戒力度，营造强大的舆论空间；三是改善消费市场信用环境，构建信息共享的消费市场信用评价机制和平台。

2. 为新型消费方式提供便利

政府相关部门除了要加大流通市场监管力度，建立健全相关法律规范，优化流通市场综合环境，提升消费者信心，确保消费升级健康平稳发展之外，还应为消费升级尤其是新兴消费方式的出现提供良好便利和保障，应给予影响消费者实际体验的新型消费方式重点关注，主要表现在：针对近年来快速发展的海淘、全球购、海外代购等现象，政府应该通过实施相应法规条例，适时推动消费税改革，积极稳妥降低进口消费品关税，为消费升级创造条件；加快物流流通管理体系改革步伐，逐步减少进口商品流通环节、物流成本和税费；加快出台增设口岸进境免税店的操作方法，完善和落实境外旅客购物离境退税政策，激发消费潜力；稳步推进跨境电子商务，连通国际国内市场，同时注重提升国内消费品创新力和竞争力，引导境外消费稳步回流，充分实现消费对经济增长的拉动作用。

3. 培育消费者健康消费理念

培育消费者健康消费理念是优化品质消费市场环境的重要基石。要培育消费者健康消费理念需要注意做好以下两个方面引导：第一是要通过消费教育，使消费者能够养成学习消费知识和消费技能的良好习惯，使消费者在不断的学习和实践的过程中，成为消费理念正确、行为自觉的新型的消费者；第二是发挥消费者协会的教育功能，通过消费者协会等消费者教育网络和各类媒体引导消费者要树立品质消费的理念，追求绿色、协调、共享的可持续消费观念，摒弃追求奢华、浪费资源、破坏环境的落后消费行为，为经济社会高质量发展提供动力。

4. 加大消费者权益保护力度

加大消费者权益保护是优化品质消费市场环境的应有之义。消费者权益保护可以培育放心的消费环境和高质量的消费群体，而要构建对消费者更加友好的消费环境和消费氛围，就需要在立法和调解等各个层面加强对消费者权益的保护。比如可以发挥消协组织的监督和纽带作用，采用各种方式维护消费者的权益，促使经营者不断提升产品和服务品质，对消费者更加负责，让消费者在放心舒心的消费环境中充分获得幸福感，从而实现对美好生活的向往；健全消费者权益保护机制，畅通消费者沟通渠道，继续加大惩戒力度。消费者权益保障体系的建立，将会对品质消费市场的环境改善起到重要的支持作用。

参考文献

程璐:《网络信息认知对中国农村居民消费观念的影响研究》,《中国管理科学》2014 年第 S1 期。

丁俊发:《流通创新驱动的十大对策》,《中国流通经济》2013 年第 2 期。

丁俊发、赵娴:《流通经济学概论》,中国人民大学出版社 2012 年版。

丁宁:《流通创新与中国居民消费率提升》,《北京工商大学学报》(社会科学版)2013 年第 5 期。

董雅丽、李晓楠、刘军智:《消费文化视域下的消费观念影响因素实证研究》,《统计与决策》2012 年第 2 期。

杜丹清:《互联网助推消费升级的动力机制研究》,《经济学家》2017 年第 3 期。

付敏杰、张平:《新常态下促进消费扩大和升级的税收政策》,《税务研究》2015 年第 3 期。

顾宁、朱家琦:《人民币汇率对我国消费结构的影响研究》,《湖南社会科学》2016 年第 1 期。

何明珂、王文举:《现代供应链发展的国际镜鉴与中国策略》,《改革》2018 年第 1 期。

金晓彤、黄蕊:《技术进步与消费需求的互动机制研究——供给侧改革视域下的要素配置分析》,《经济学家》2017 年第 2 期。

李国光、张严方：《网络维权中消费者基本权利之完善》，《法学》2011 年第 5 期。

刘俊海、徐海燕：《论消费者权益保护理念的升华与制度创新——以我国〈消费者权益保护法〉修改为中心》，《法学杂志》2013 年第 5 期。

钱玉文：《论网络消费安全的多元规制》，《当代法学》2015 年第 6 期。

钱玉文：《消费安全的法律规制——达芬奇事件引发的思考》，《现代法学》2011 年第 6 期。

邵华：《私力救济对弱者权利的实现——以消费者权益保护为视角》，《甘肃社会科学》2009 年第 6 期。

沈宏亮：《现代市场体系完善进程中的监管体系改革研究》，《中国特色社会主义研究》2018 年第 4 期。

盛光华、庞英、张志远：《生态红线约束下环境关心对绿色消费意图的传导机制研究》，《软科学》2016 年第 4 期。

宋彪：《消费升级的立法回应》，《首都师范大学学报》（社会科学版）2016 年第 4 期。

苏定东：《供应链整合对零售企业竞争力及绩效影响实证研究》，《商业经济研究》2016 年第 6 期。

苏毅清、樊林峰、王志刚：《"物美价廉"的消费观念对食品质量供给的影响研究——基于需求决定供给的视角》，《消费经济》2016 年第 4 期。

孙早、许薛璐：《产业创新与消费升级：基于供给侧结构性改革视角的经验研究》，《中国工业经济》2018 年第 7 期。

王嘉玮、赵德海：《供给侧结构性改革下流通模式创新研究》，《商业经济研究》2018 年第 3 期。

王彦：《互联网视域下城乡双向商贸流通模式创新研究》，电子科技大学出版社 2018 年版。

王莺：《流通创新驱动贸易增长方式转变的思考》，《商业经济研究》2017 年第 6 期。

徐从才：《坚持流通创新，构建生产者服务体系》，《产业经济研究》2011 年第 5 期。

徐信贵：《日本消费领域的危害预防型公共治理研究——以消费危害情报制度为主线》，《武汉理工大学学报》（社会科学版）2010 年第 3 期。

徐雪慧：《流通技术创新：历史演进与发展重点》，南京财经大学，2008 年。

杨春花：《改革开放以来消费观念变化的哲学透视》，《山东社会科学》2009 年第 7 期。

杨悦、赵亮、张红：《偶像剧对青少年消费观念的影响》，《重庆社会科学》2015 年第 2 期。

依绍华：《从发达国家消费发展规律看中国消费变化走势》，《价格理论与实践》2018 年第 10 期。

依绍华等：《经济新常态下物流业发展研究》，中国社会科学出版社 2016 年版。

依绍华：《强化自主品牌对促进品质消费的研究》，《价格理论与实践》2017 年第 7 期。

依绍华：《"新零售"面临的挑战及对策建议》，《中国发展观察》2018 年第 16 期。

于浩：《论消费者索赔权的边界》，《法商研究》2018 年第 3 期。

曾洁：《农村居民广告媒介接触行为对其消费观念的影响研究》，硕士学位论文，华中农业大学，2006 年。

张代超：《人民币升值对消费结构的影响效应研究》，硕士学位论文，山东大学，2018 年。

张磊、刘长庚：《供给侧改革背景下服务业新业态与消费升级》，《经济学家》2017 年第 11 期。

张璐、周晓唯：《论维权成本与消费者权益保护》，《西北农林科技大学学报》（社会科学版）2013 年第 5 期。

张太原:《社会主义时期北京居民消费观念的变化》,《北京社会科学》2005 年第 3 期。

张雄、熊亮:《消费观念:改革开放 40 年历程的经济哲学反思》,《马克思主义与现实》2018 年第 5 期。

张颖熙、夏杰长:《以服务消费引领消费结构升级:国际经验与中国选择》,《北京工商大学学报》(社会科学版)2017 年第 6 期。

赵津晶:《广告媒介接触行为对农村居民消费观念影响的研究》,《现代传播》(中国传媒大学学报)2010 年第 4 期。

赵武:《流通企业向平台商和集成商转型的创新模式思考》,《商业经济研究》2016 年第 1 期。

周海涛、李虔、张墨涵:《论激发教育服务的消费潜力》,《教育研究》2016 年第 5 期。

朱惠莉:《消费发展新阶段需要加强供给管理》,《中国经济问题》2014 年第 1 期。

[美] 道格拉斯·C. 诺思:《制度,制度变迁与经济绩效》,杭行译,韦森审校,上海人民出版社 2014 年版。

Barney J. B. , "How a Firm's Capabilities Affect Boundary Decisions", *Sloan Management Review*, Vol. 40, No. 3, 1999.

Chesbrough H. , "Open Business Models: How to Thrive in the New Innovation Landscape", *Boston: Harvard Business School Press*, 2010.

Coase, R. H. , "The Nature of the Firm", *Economica*, Vol. 4, No. 16, 1937.

Crozet M. , Lalanne G. , Poncet S. , "Wholesalers in International Trade", *European Economic Review*, Vol. 58, 2013.

Melitz M. J. , "The Impact of Trade on Intra-Industry Reallocations and Aggregate Industry Productivity", *Econometrica*, Vol. 71, No. 6, 2003.

North，D. C. ，*Institutions*，*Institutional Change and Economic Per-formance*，Cambridge：Cambridge University Press，1990.

Osterwalder A. ，Pigneur Y. ，*Business Model Generation*：*A Hand-book for Visionaries*，*Game Changers*，*and Challengers*，Hoboken：John Wiley & Sons，2010.

Singer M. ，Donoso P. ，Traverso P. ，"Quality Strategies in Supply Chain Alliances of Disposable Items"，*Omega-International Jour-nal Of Management Science*，Vol. 31，No. 6，2003.

Stuart T. E. ，"Network Positions and Propensities to Collaborate：An Investigation of Strategic Alliance Formation in a High-Technology Industry"，*Administrative Science Quarterly*，Vol. 43，No. 3，1998.

Vaona A. ，"Intra-National Purchasing Power Parity and Balassa-Samuelson Effects in Italy"，*Spatial Economic Analysis*，Vol. 6，No. 3，2011.

Williamson，O. E. ，*The Economic Institutions of Capitalism*，New York：Free Press，1985.

Johnson M. ，"Seizing the White Space：Business Model Innovation for Growth and Renewal"，Boston：Harvard Business School Press，2010.

Zahra S. A. ，Nielsen A. P. ，"Sources of Capabilities，Integration and Technology Commercialization"，*Strategic Management Jour-nal*，Vol. 23，No. 5，2002.

依绍华，经济学博士，研究员，现为中国社会科学院财经战略研究院流通产业研究室主任，中国社会科学院研究生院博士生导师，中国社会科学院财经战略研究院博士后流动站合作导师，研究方向：流通理论与政策，消费问题，农产品流通。

兼任全国高校贸易经济教学研究会副会长，中国商业联合会专家委员会专家委员，中国物流学会常务理事。曾赴瑞典斯德哥尔摩大学（2004年）、美国康奈尔大学（2011年）从事访问学者研究。主持国家社会基金重点课题、商务部重大课题、中国社会科学院创新工程项目、中国社会科学院重点课题、中国社会科学院国情调研等四十余项，出版专著《流通产业公益性研究》、《经济新常态下物流业发展研究》、《构建扩大内需的长效机制》、《构建流通骨干网络与流通节点城市发展报告（2016—2017）》、《中国居民消费结构升级研究》等七部，主编《中国流通理论前沿（7）（8）》，在《财贸经济》、《经济学动态》、《中国软科学》等发表学术论文七十余篇，撰写研究报告五十余篇，曾获中国社会科学院优秀对策信息一、二、三等奖等，中国物流学会优秀论文一等奖，全国商务发展研究成果二等奖、三等奖，中国商业联合会商业科技进步二等奖等。